あみもののススメ

着こなし自由自在！　えりまき、スヌード、帽子など全25点

くげなつみ 著

主婦と生活社

わたしのもとに、たくさんの糸たちがあつまってきました。
どの糸も個性があって、魅力的。
「どんな形になりたいの？　おしえてくれる？」
糸たちはとても自由で素直。
わたしもその個性に向き合って、
心を自由にして、いくつかができあがりました。
糸を作る方々、
その糸を使って作品を作るみなさま、
その間の橋渡しになれればいいなと思っています。
わたしからの、あみもののススメ、です。
自分のため、作ってあげたい誰かのため。
そこには愛がいっぱいあふれています。
リラックスして、細かいことは気にせずに、
手編みを楽しんでください。
あったかい時間がたくさん、
みなさまにふりそそぎますように。

くげなつみ

contents

4	01	リバーシブルネックウォーマー		24	14	むすび目バッグ
6	02	ツイードモチーフえりまき		24	15	リボンバッグ
7	03	ひらひらラリエット		26	16	木の実つきえりまき
8	04	アレンジいろいろえりまき		28	17	七分そでセーター
10	05	まっすぐ帽子えりまき		29	18	スワッチ編みバッグ
12	06	ピーナッツ帽子えりまき		30	19	チョコチップスヌード
14	07	ポコポコツイードバッグ		31	20	きのこ帽子
15	08	フリルつきえりまき		32	21	タートルネック de えりまき
16	09	星空ラリエット		34	22	ヘアバンド
18	10	着まわしスヌード		34	23	コサージュ＆ヘアゴム
20	11	ショートみつあみえりまき		35	24	玉かざりバッグ
22	12	ふわもこネックウォーマー		36	25	ベスト de えりまき
23	13	バイカラークラッチバッグ				

38 ⋯⋯ 糸紹介
40 ⋯⋯ きれいに仕上げるためのポイントレッスン
42 ⋯⋯ how to make
77 ⋯⋯ かぎ針編みと棒針編みの基礎

01
リーバシブルネックウォーマー

ソフトなタム糸の編み地を
リバーシブルにして
強度とあたたかさを2倍に。
モチーフのすきまに
編み玉をボタンのようにしてとめます。

使用糸：手つむぎ風タム糸

how to make → p.50

02
ツイードモチーフえりまき

お好みの5色でモチーフに。
全て違う色合わせにできるのが
手編みならではの楽しみです。
素朴なツイード糸は少しかためですが、
使ううちになじんできます。

使用糸：クラシックツイード
how to make → p.42

03
ひらひらラリエット

半円形モチーフをつないだらヒラヒラしました。
小さいですがあたたかいです。
腰に巻いてベルトのように使っても。

使用糸：原毛に近いメリノウール
how to make → p.52

04
アレンジいろいろえりまき

まっすぐ編んだものとくさり編みだけで作る
シンプルなえりまきです。
コーディネートに合わせて、
好みの巻き方を見つけてください。
みつあみにしてもかわいいです。

使用糸：ポンポンウール
　　　　原毛に近いメリノウール

how to make → p.52

05
まっすぐ帽子えりまき

ベーシックなツイード糸はゴム編みがお似合い。
やわらかな手つむぎ風の糸と組み合わせ、
リバーシブルを楽しんで。
広げてポンポンでとめて
えりまきにもなる3wayです。

使用糸：クラシックツイード
　　　　手つむぎ風タム糸

how to make → p.54

06
ピーナッツ帽子えりまき

まっすぐ帽子えりまき(p.10)の、
メリヤス編みバージョンです。
帽子とえりまき、どちらの使い方も
編み地が2重になるので抜群のあたたかさです。

使用糸：原毛に近いメリノウール
how to make → p.55

07
ポコポコツイードバッグ

パプコーン編みのすき間から、
中袋の布の色が見えるのがポイントです。
まぁるい形で愛らしい仕上がりに。

使用糸：クラシックツイード
how to make → p.56

08
フリルつきえりまき

太めのウール糸でしっかりしたカジュアルな仕上がりに。
土台は棒針とかぎ針の編み地の
コラボレーション。
フリルは2色の糸で変化をつけて。

使用糸：コンビネーションウール
how to make → p.58

09
星空ラリエット

たくさんのフリンジと
ポンポンで個性的に。
アクセサリーのようにコーディネートの
アクセントとして楽しんでください。

使用糸：原毛に近いメリノウール
ダルシャン極細
小巻caféデミ

how to make → p.44

10

着まわしスヌード

こっくりしたグリーンのスヌードは、
小さな玉編みの縁を生かしたクラシカルなデザイン。
スヌードとしてかぶったり、
薄手のインナーの上に着ることもできます。

使用糸：原毛に近いメリノウール

how to make → p.60

11

ショートみつあみえりまき

みずたま模様のように粒がついた
かわいい糸をみつあみにしました。
きっちり編むのとはまた違う表情が新鮮。
軽くてとてもやわらかです。

使用糸：ポンポンウール
　　　　手つむぎ風タム糸
　　　　原毛に近いメリノウール

how to make → p.46

12
ふわもこネックウォーマー

3種類の編み方で作るネックウォーマー。
すぽっとかぶって使えます。
どこを前にするかで雰囲気が変わっておもしろい。

使用糸：手つむぎ風タム糸
　　　　ビッグボールミスト

how to make → p.62

13
バイカラークラッチバッグ

2色のメリヤス編みの編み地をつなげました。
編み地の向きが違うので、
同じ編み方でも表情が変わります。
内袋用の布は大きめにしてもかわいい。

使用糸：ポンポンウール
how to make → p.63

14
むすび目バッグ

編んだものをくるっと結んだら
さりげないポイントになりました。
長く編んだらバッグのサイズに合わせて
ぐるぐる縫いとめて。

使用糸：コンビネーションウール
how to make → p.65

15
リボンバッグ

編み始めと編み終わりを
ぎゅっと絞ってリボンのように。
ベースに市販のトートバッグを使いました。

使用糸：コンビネーションウール
how to make → p.64

16
木の実つきえりまき

やわらかなウール糸でやさしく
フェミニンな印象にしました。
ボタニカル風の編み玉の飾りは青のさし色を効かせて上品に。
土台はフリルつきえりまき(p.15)と同じ編み方です。

使用糸：原毛に近いメリノウール
how to make → p.68

17
七分そでセーター

増減なしで編んだセーターは
脇の下に小さなモチーフのまちが入っています。
さりげなく見えるとかわいい。
カジュアルに着たい1枚です。

使用糸：手つむぎ風タム糸
how to make → p.70

18

スワッチ編みバッグ

いろいろな編み方を楽しく並べたバッグです。
「スワッチ」と呼ばれる試し編みがヒント。
単色とミックスの
糸の組み合わせもすてきです。

使用糸：コンビネーションウール

how to make → p.72

19
チョコチップスヌード

輪針でぐるぐる編むスヌードは、
ねじった編み地とぷっくりした縁どりがポイント。
フードのように頭にかぶることもできます。

使用糸：ポンポンウール
　　　　原毛に近いメリノウール

how to make → p.67

20
きのこ帽子

変わり玉編みで編んだポコポコまぁるい帽子。
しっかりしているので伸びが少なく、
型くずれもしにくいです。

使用糸：コンビネーションウール
how to make → p.74

21
タートルネック de えりまき

たっぷり巻いて肩まであたたかく。
アウターをはおればタートルネック風の衿もとに。
ボタンのとめ方でボリューム感が変わります。

使用糸：コンビネーションウール
how to make → p.75

22
ヘアバンド

寒い季節にはニットのヘアバンドが恋しい。
2玉でできるので、好みの色でいくつも作りたくなります。

使用糸：手つむぎ風タム糸
how to make → p.76

23
コサージュ&ヘアゴム

作り方は同じでも、糸を替えるだけで
サイズも雰囲気も変わります。
余り糸を使うのもおすすめ。髪飾りにしてもかわいいです。

使用糸：コサージュa・ヘアゴム／コンビネーションウール
　　　　コサージュb／手つむぎ風タム糸
how to make → p.57

24
玉かざりバッグ

ウール糸で玉かざりを作りました。
ふんわりした毛糸の束を
こま編みできゅっと絞っていくだけ。
カラフルな色でもシックな色でも
試してみたい。

使用糸：原毛に近いメリノウール
how to make → p.76

35

25
ベスト de えりまき

着ても巻いても存在感がある
とてもあたたかな1着です。
裾飾りのリング編みは2色の糸の引きそろえ。
前後で微妙に色を変えて。

使用糸：原毛に近いメリノウール

how to make → p.47

この本で使用したおもな糸

A ポンポンウール

編んでいくと丸いポンポンがリズミカルに浮き出る糸。みずたま模様のようなかわいい編み地は、この糸ならではの魅力。帽子やマフラーなどの小物にはもちろん、ポケットやリブ部分などのポイント使いにしても素敵です。

ウール99%・ポリエステル1%
30g（約42m）
棒針10〜11号
かぎ針8/0〜9/0号
色数7色

B 原毛に近いメリノウール

羊毛に少し撚りをかけただけのふわふわとやわらかいウール100%の糸。肌ざわりもよく、とても軽やかに編み上がります。色数も豊富で、ナチュラルテイストの作品以外にも、モノトーンやビビッドなどイメージに合わせた配色を楽しめます。

ウール（メリノ）100%
30g（約91m）
棒針6〜8号・かぎ針7/0〜7.5/0号
色数18色

C 手つむぎ風タム糸

タム糸とはループヤーンを針で引っかいて毛羽立たせた糸。ふんわりとしたタム糸を撚り合わせ、毛羽が絡まることで、手つむぎの糸のような自然な風合いになりました。繊細な毛足、やわらかな色合い、ふっくらした仕上がりが新鮮です。

アクリル54%・ナイロン31%・ウール15%
30g（約58m）
棒針11〜12号・かぎ針8/0〜9/0号
色数14色

D コンビネーションウール

単色と2色撚りの糸を、コンビネーション（組み合わせ）で編む糸です。こっくりした深みのある色合いは、ウールをトップ染めすることで生まれました。色の組み合わせによりシンプルな編み地が引き立ち、洗練されたイメージに仕上がります。

ウール100%
40g（約38m）
棒針15号〜7mm・かぎ針7〜8mm
色数9色

E クラシックツイード

クラシックカラーのウール糸にネップをランダムに入れた表情豊かな糸。空気を多く含んでいるので、ふくらみのあるあたたかな編み地に仕上がります。ウールらしい素材感と編みやすさがうれしい。マニッシュなアイテムやメンズ用にもおすすめです。

ウール100%
40g（約55m）
棒針11〜12号・かぎ針8/0〜9/0号
色数9色

この本の作品は
横田株式会社のダルマ手編糸を使用しています。
糸についてのお問い合わせは下記へお願いします。

横田株式会社

本社
〒541-0058
大阪市中央区南久宝寺町2-5-14
☎06-6251-2183

東京支店
〒103-0001
東京都中央区日本橋小伝馬町6-1 日本橋243ビル3F
☎03-5623-2981
http://www.daruma-ito.co.jp/

39

きれいに仕上げるためのポイントレッスン

作品のアクセントやフォルムづくりに使用した編み方のコツを紹介します。
※プロセス解説ではわかりやすいように毛糸の色やパーツの段目数を一部変えています。基本の編み目は「編み目記号と編み方(p.77)」のイラストを参照してください。

棒針編み

ボタンホールの編み方 → photo p.32 / how to make p.75

1目ゴム編みの編み地に右上2目一度とかけ目で穴を作ります。

1 ボタンホール位置にきたら、左の針の目を編まずに右の針へ移す。

2 目を移したところ。

3 次の目を編んでから、編まずに移した2の目を矢印のようにかぶせる。

4 右上2目一度が編めたところ。

5 右の針に糸をかける。

6 次の目を前段と同じ目で編む。ボタンホールの穴ができたところ。

7 残りの目を最後まで編む。

8 次の段は編み図のとおりに編む。

棒針編み × かぎ針編み

ボッブル編みの編み方 → photo p.29 / how to make p.72

棒針編みの編み地にかぎ針で丸い玉(長編み4目のパプコーン編み)を作ります。

1 玉を作る位置にきたら左の棒針の1目をかぎ針に移す(針の入れ方はボタンホールの編み方の1と同様)。

2 編み図の指定どおり、糸の色を替えてくさり編みを2目編む。

3 続けて1と同じ目(★)に長編みを3目編む。

4 いったん針をはずし、2のくさり目(2目めの裏山とくさり半目)とはずしたループに入れ直す。

5 ループを4の矢印のように引き抜く。

6 さらにくさり編みを1目編み、糸を引き締める。

7 6の目を右の棒針に移す。

8 残りの目を最後まで編む。

かぎ針編み

フリルモチーフのつなげ方　→ photo p.7 / how to make p.52

モチーフのフリル（2～3段め）の向きが1枚ずつ交互になるように編みつなぎます。

1 1枚めのモチーフを長編みで編み（1段めは丸く、2～3段めは往復して編む）、糸始末する。

2 2枚めを2段めの最後から1目手前まで編んだら、1枚めの★の目に針を入れる。

3 糸をかけて引き抜く。

4 引き抜いたところ（2枚のモチーフがつながった）。

5 2枚めの2段め最後の長編みを編む。

6 続けて、3段めを編む。

7 3枚めのモチーフは立ち上がりのくさり3目を編んでから、♥の目に針を入れる。

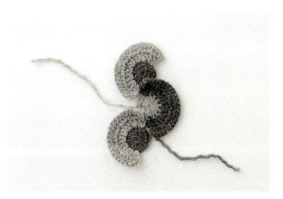

8 3と同様に糸をかけて引き抜き、残りの目を編み図のとおりに編む。

玉かざりの作り方　→ photo p.35 / how to make p.76

毛糸の束に等間隔でこま編みを編みつけ、玉のような形を作ります。

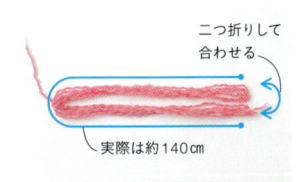

1 土台は毛糸を両手を広げたくらいの長さで5～6重の輪にしてまとめ、それを二つ折りの束にする。

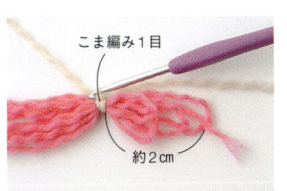

2 糸の色を替えて1をくるむようにこま編みを編む。

3 続けてくさり編み8目・こま編み1目を繰り返す。5玉分ごとに、土台の糸を軽く引いて丸く整える。

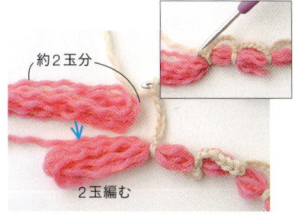

4 長くする場合は次の束を2玉分くらい重ねて一緒に編む。

リングの作り方　→ photo p.36 / how to make p.47

※ p.22、p.29 の作品でも使用

編み地の裏を見て編む段（作品では偶数段）でリングを作ります。

1 立ち上がりのくさり1目を編み、糸を中指で向こう側に押さえる（作品はリングの長さを1.5cmにそろえる）。

2 前段1目めの頭のくさり2本に針を入れて糸をかけ、中指の上から引き出す。

3 再度、針に糸をかけて引き抜く。「リングこま編み」が1目編めたところ。リングは裏側にできる。

4 1～3を繰り返し、「リングこま編み」を編む（2目めからは立ち上がりのくさり1目は不要）。

how to make

※編み始める前に必ず試し編みをしてゲージを合わせてください。
もしゲージ寸法より大きい場合は1号細い針、小さい場合は1号太い針に替えて編んでみましょう。
※材料の糸の表記で色名の横に書かれた数字は製品の色番号です。

02 ツイードモチーフえりまき → photo p.6

[材料と用具]
糸 …… クラシックツイード
　　　きなり（7）…60g、グレー（9）…60g、
　　　茶（6）…35g、カーキ（8）…30g、紺（2）…20g
　　　（試し編みや始末される糸端の分量は入っていません。
　　　5〜10g程度多めに用意しましょう）
針 …… 6/0号かぎ針、とじ針
サイズ… 幅約15cm、長さ140cm（モチーフのみの寸法）

[編み方] 糸は1本どりで編みます。丸モチーフの配置と配色は写真を参照に自由に編んでください。
①丸モチーフbを1枚編み、2枚めからは丸モチーフa〜fを隣り合ったモチーフの最終段で引き抜き編みをしてつなぎ合わせます（各丸モチーフの配置は下記の写真参照）。
②各モチーフの編み終わりの糸端はとじ針で編み地の裏の目をくぐらせて好みの位置に引き出し、バランスのよい長さにカットします。

丸モチーフの編み図

※a、cは3段めまで、b、dは2段めまで編む。

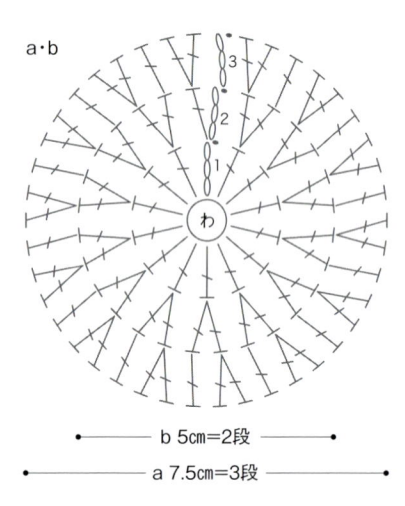

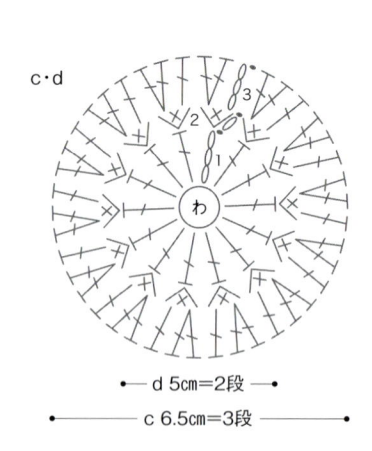

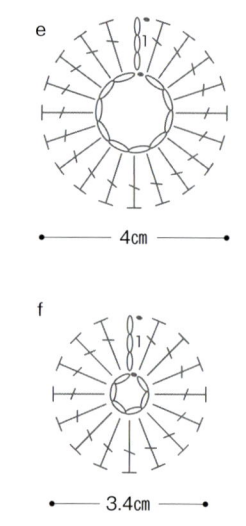

a・b
b 5cm=2段
a 7.5cm=3段

c・d
d 5cm=2段
c 6.5cm=3段

e
4cm

f
3.4cm

モチーフの配置と配色

※モチーフ同士を2〜4回引き抜いてつなげると、隣り合う部分はすべてくっつくので、ひらひらせず、きれいな平面に仕上がります。

約15cm

ポイントレッスン

モチーフの仕上げ方

1 最後の目を編んだら糸端を約15cm残して引き抜き、とじ針に通す。1目めの頭のくさり2本を拾って針を手前に出す。

2 糸端が出ている目の中に針を入れ、編み地の裏に出す。

3 くさり1目ができて編み終わりがきれいに仕上がった。

4 残りの糸端を編み地の裏側で始末する。

丸モチーフのつなげ方

※モチーフの編みつなぎ位置は自由です。糸端を垂らしたいモチーフは編み終わりが外側になるようにつなぎましょう。
編みつなぐための引き抜き編みの数は丸モチーフの大小やつなぐ位置によって2〜4目にアレンジしてください。

1 2枚めのモチーフを最終段の中央くらいまで編んだら、1枚めの最終段の目に針を入れる。

2 矢印のように針に糸をかける。

3 針にかかった目を一度に引き抜く（引き抜き編み）。

4 引き抜いたところ。

5 続けて2枚めの丸モチーフに長編み3目を編みながら、それぞれ頭で1枚めに引き抜き編みをしてつなげる。

6 丸モチーフ2枚がつながったところ。

7 3枚めの丸モチーフは2つの丸モチーフと隣り合うので、それぞれ引き抜き編みを2目ずつ編んでつなげる。

8 丸モチーフ3枚がつながったところ。

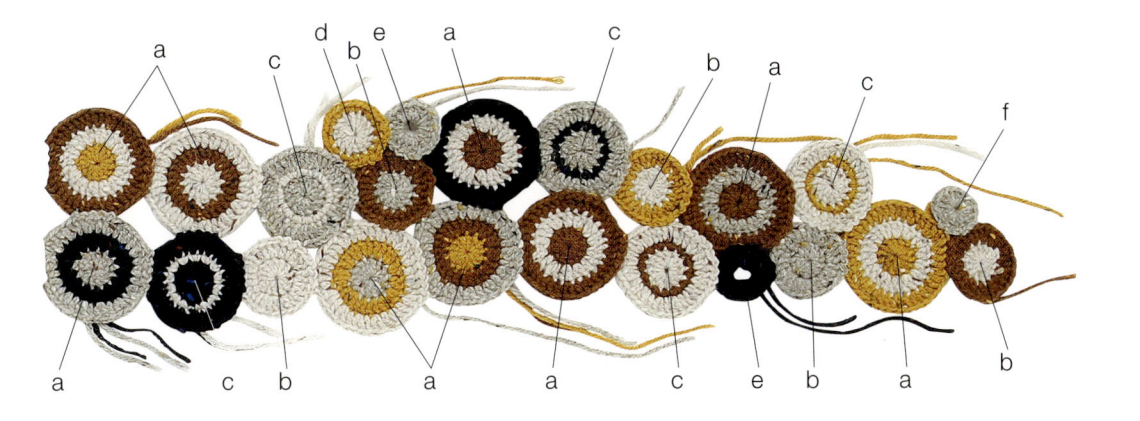

09 星空ラリエット →photo p.16

［材料と用具］

糸 ……… 原毛に近いメリノウール 黒（10）…270g
　　　　ダルシャン極細 白（25）…25g
　　　　小巻caféデミ 黄（5）…2g
　　　　（試し編みや始末される糸端の分量は入っていません。
　　　　5〜10g程度多めに用意しましょう）
その他 … 厚紙10×5.5cm、手縫い糸または極細の毛糸（黒）、
　　　　スーパーポンポンメーカー・ミニ（25mm）
針 ……… 2/0、6/0、7/0、8/0号かぎ針、とじ針
サイズ … 幅4.5cm、長さ214cm

星の編み図

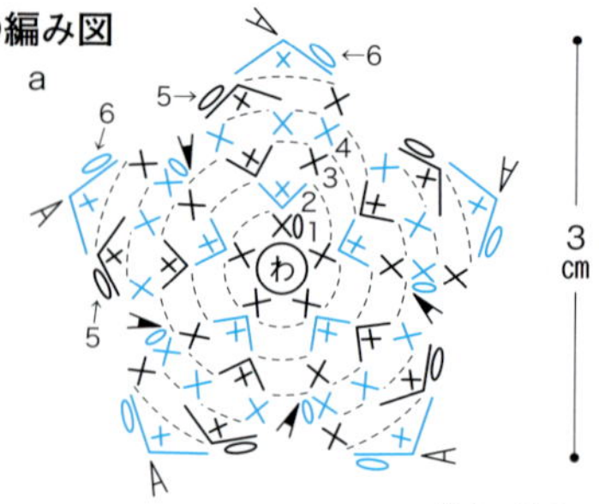

a　3cm

b　3.8cm

＝糸をつける
＝糸を切る

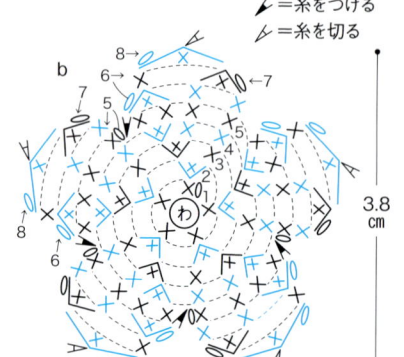

［編み方・仕上げ方］

三つ編みを作る

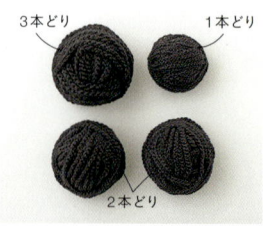

3本どり　1本どり
2本どり

1本どりで1玉分を1本（1玉使用）
2本どりで1玉分を2本（計4玉使用）
3本どりで1玉分を1本（計3玉使用）

1 黒の糸でくさり編みのひもを4本編む。

2 **1**のひも1本を8等分して折り、中央を別糸（分量外）で仮結びして束にする。中央を仮結び★

3 ひもの両端の輪（★）をカットする。

4 糸端を引いて目を引き締める。引いてほどける側の糸端は、一度ループに糸端を通してから引き締める。

5 残りの**1**のひもをすべて**2**〜**4**と同様に作業して4本の束を作る。1本どりのくさり編みの束からのみ、ひもを1本抜いて残しておく。

くさり編みしたひもは毛糸のままより強度が増すので、力を入れてもちぎれにくく、しっかり結べる。

6 4本の束を1つにまとめ、あらためて中央を仮結びする。中央から束を3等分（ひもの太さと本数を均等に）する。

7 三つ編みを約47cm編み、**5**で残しておいたくさり編み1本のひも（半分にカットしておく）で端をしっかり結ぶ。

8 三つ編みが半分編めたところ。端には約60cmの房が残っている。約47cm／約60cm

9 中央から反対側も三つ編みを約47cm編んで端を結ぶ。結んだひもは両端の房と一緒にする。

44

タッセルを作る

※結びひもには手縫い糸または極細毛糸を使う。

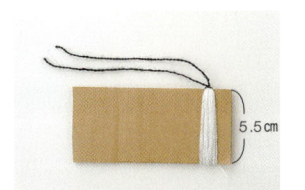

10 厚紙に白の糸を約20～25回巻く。上部の輪に結びひもを通して結ぶ。

11 厚紙から糸をはずし、下部の輪をカットする。

12 頂点から約1cm下を共糸でしっかり結ぶ。

13 12の糸端を房の中に入れ、長さをそろえてカットする。

ポンポンを作る

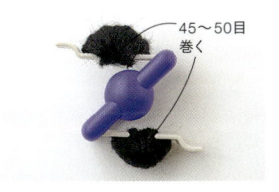

14 黒の糸をスーパーポンポンメーカー(25mm)のアームに45～50回巻く。

15 アームを閉じて中央をカットする。

16 結びひもを2本どりにして、15の中央をしっかり結ぶ。

17 本体から外して丸く切りそろえる。

飾りをつける

18 タッセルの結びひもの糸端1本をくさり編みのひも1本の先に2回通す。

19 もう1本の糸端と固く結び、タッセルの房の中に入れてカットする。

20 18～19と同様に作業してタッセル、ポンポンをひもの端につける。
※ポンポンの結びひもの糸端はくさり編みのひもに通してカットする。

21 星a、bを編んで、ひも1本の先につける。

タッセル19個
ポンポン15個

タッセル18個
ポンポン15個
星a、b 1セット

※タッセルは1～2本どり、ポンポンは2～3本どりのくさり編みのひもにつける。

11 ショートみつあみえりまき → photo p.20

[材料と用具]

糸 …… **A** ポンポンウール　オフホワイト×グレー（1）… 120g
　　　B 手つむぎ風タム糸　ベージュ（2）… 45g
　　　C 原毛に近いメリノウール　グリーン（4）… 30g
　　　（試し編みや始末される糸端の分量は入っていません。
　　　5～10g程度多めに用意しましょう）

その他 … 直径13～15mmのスナップ1組、120cm幅の厚紙
針 …… 6/0号かぎ針、とじ針
サイズ … 幅7cm、長さ170cm

[編み方・仕上げ方]

みつあみを作る

※わかりやすいようにサイズを替えて解説しています。実際は表記された寸法どおりに作ってください。

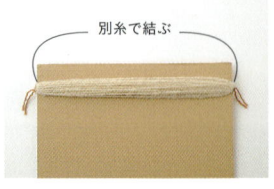

1 120cm幅の厚紙（またはテーブルの板面などを代用）にBの糸を1.5玉分すべて巻きつけ、両端を別糸（分量外）で仮結びする。

2 糸を厚紙からはずし、両端から約3cmの部分を共糸でしっかり結ぶ。

3 Aの糸は2本どりで、**1**・**2**と同様に2本作る（計4玉使用）。合計3本の束を作る。

4 3束を1つにまとめ、**2**で結んだ位置にもう一度、新しいBの糸を巻きつけ、しっかり結ぶ。

5 3束で三つ編みを編む。最後まで編んだら、反対側も**4**と同様に結び、糸端を三つ編みの中に入れる。

6 Bの糸をとじ針に通し、三つ編みした束のそれぞれ仮結びの糸に沿って、3束の端の輪の中心にぐるりと2回糸を通して絞る。

7 **6**の糸端をしっかり結び、共糸の束の中に糸端を入れる。

8 両端を丸く整える。

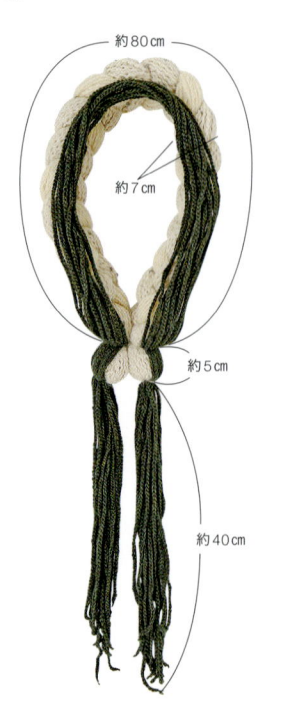

くさり編みの飾りをつける

9 Cの糸1玉分をくさり編みにする。長さ約170cmで折り返して輪にして中央を仮結びし、両端を始末する（p.44参照）。糸端は約0.5cm残して全てカットする。

10 三つ編みの本体に**9**を**B**の糸で2カ所、結びつける。

スナップをつける

11 三つ編みの内側になる面にスナップを縫いつける。

25 ベスト de えりまき → photo p.36

[材料と用具]
糸 ……… 原毛に近いメリノウール
　　　茶（3）…220g、こげ茶（11）…220g、
　　　黄土色（17）…80g
　　　（試し編みや始末される糸端の分量は入っていません。
　　　5〜10g程度多めに用意しましょう）
その他 … 棒針ゴムキャップ（L）2個
針 …… 8号4本棒針、6/0号かぎ針、とじ針
ゲージ … メリヤス編み　20目、27段　模様編み
　　　　　17目、19段が10cm四方
サイズ … 幅50cm、長さ148cm（えりまき）

[編み方] 糸は2本どりで、指定の配色で編みます。
① 本体は棒針で編みます。指にかけて作る一般的な方法で100目作り目をし、端から4目めに裏目を配置してメリヤス編みで76段まで増減なく編みます。続けて図のように両端で増減目し、指定の位置で衿あきをあけながら編みます。残りの76段は増減なく編み、編み終わりは伏せ目にします。
② 裾飾りはかぎ針で図のようにリングこま編みを編みます。（リングの作り方はp.41参照）。
③ 本体と裾飾りを重ね、裾飾りの共糸で縫い合わせます。
④ ひもa、bを三つ編みで各2本ずつ作り、本体に結びつけます。

ポイントレッスン

2つの編み地のつなげ方

※わかりやすいようにサイズを替えて解説しています。
実際は編み図に表記された段目数で編み地を編んでください。

1　本体と裾飾りを編む。

2　本体が上になるように1段ずつ重ね、両端、中央の順にまち針でとめる。残りの編み地も均等にまち針でとめておく。

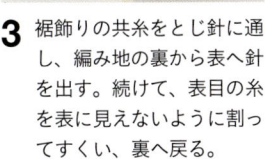

3　裾飾りの共糸をとじ針に通し、編み地の裏から表へ針を出す。続けて、表目の糸を表に見えないように割ってすくい、裏へ戻る。

4　並み縫いの要領で編み地を最後まで縫い合わせる。

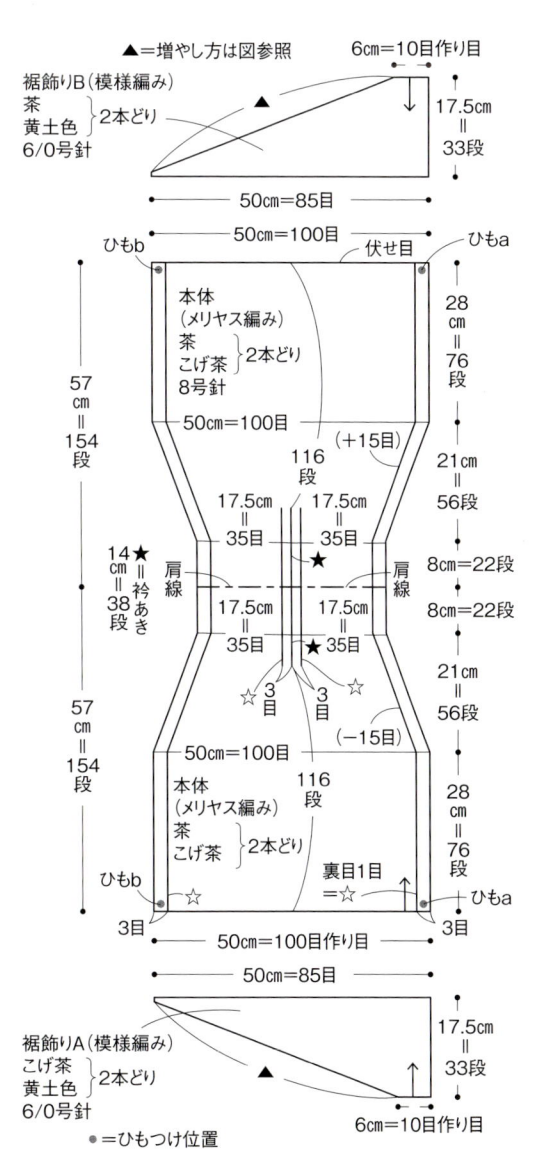

47

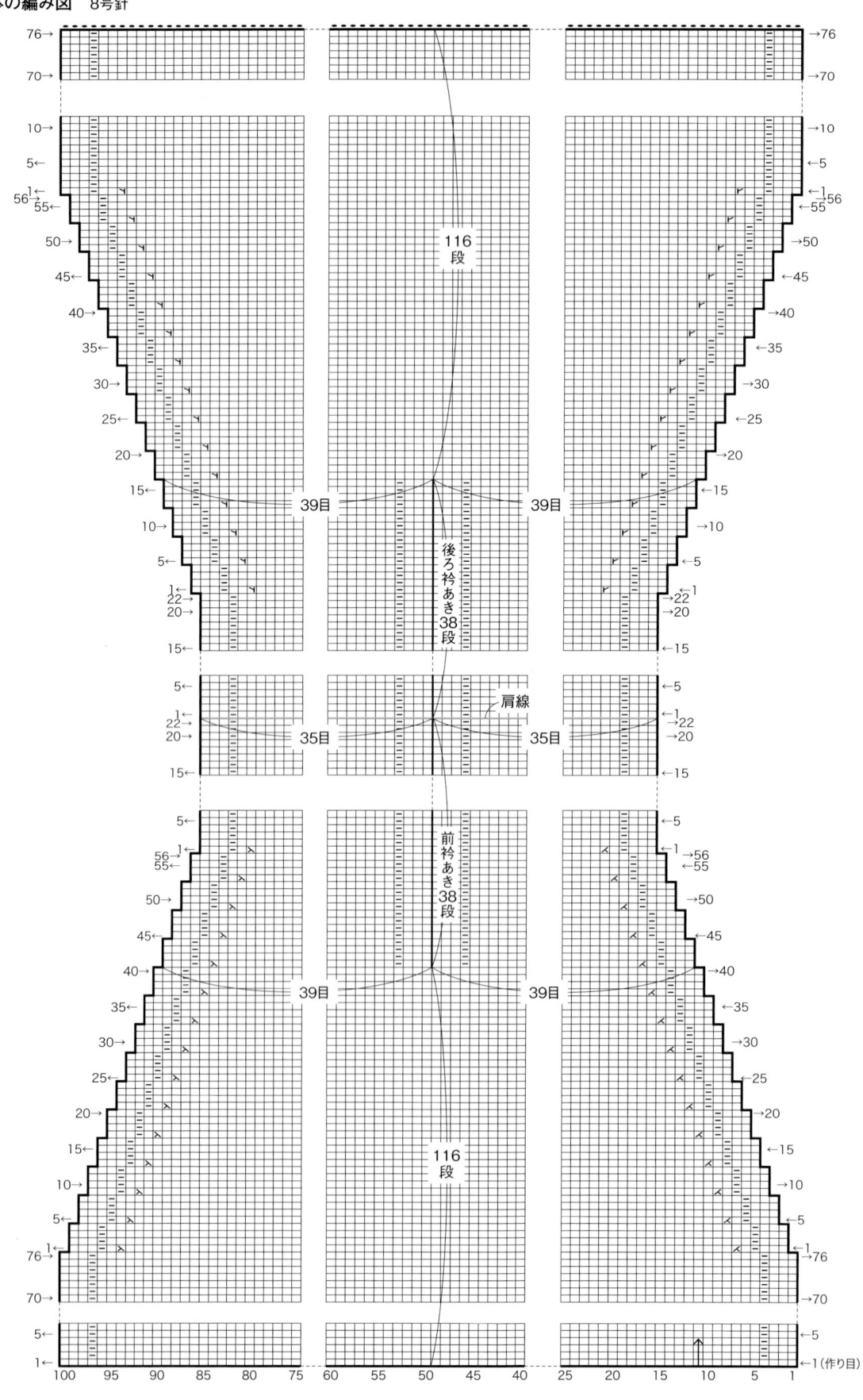

本体の編み図 8号針

裾飾りAの編み図
6/0号針

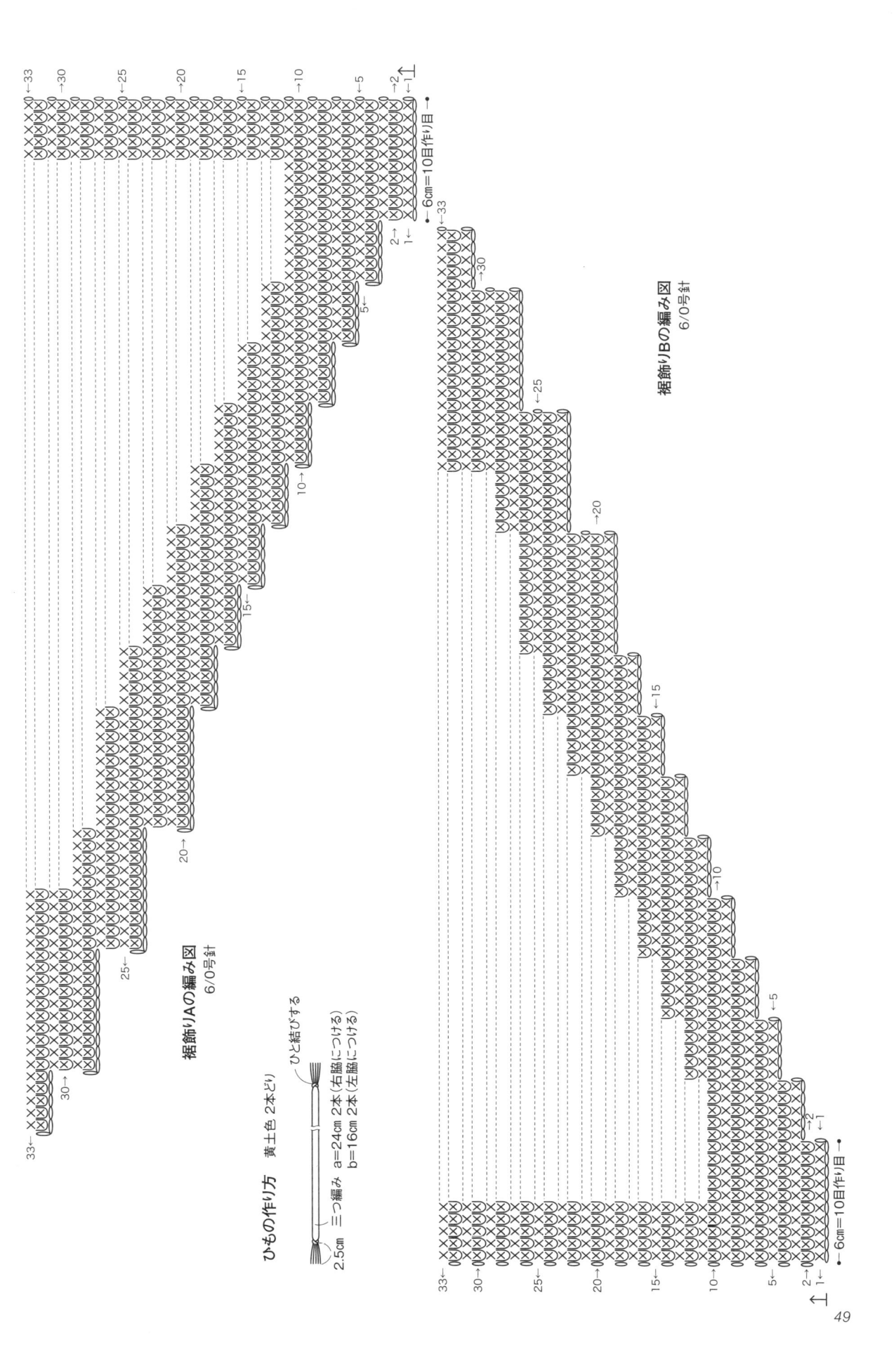

裾飾りBの編み図
6/0号針

ひもの作り方　黄土色 2本どり

三つ編み　a=24cm 2本(右脇につける)
　　　　　b=16cm 2本(左脇につける)

2.5cm
ひと結びする

● 6cm=10目作り目

01 リバーシブルネックウォーマー p.4

[材料と用具]

糸 ……… 手つむぎ風タム糸
　　　　きなり（1）…85g、ダークグレー（11）…40g、
　　　　ローズ（6）…25g、ライトグレー（10）…25g、
　　　　ベージュ（2）…15g、藤色（7）…10g
　　　　（試し編みや始末される糸端の分量は入っていません。
　　　　5〜10g程度多めに用意しましょう）
針 ……… 7/0号かぎ針、とじ針
ゲージ … 2目ゴム編み
　　　　模様編みA　18.5目、19段が10cm四方
　　　　模様編みB　18.5目、18.5段が10cm四方
サイズ … 幅17cm、長さ50cm

[編み方]　糸は1本どりで編みます。

① 本体はくさり編みで93目作り目して模様編みAを32段編み（A面）、続けて模様編みBを31段編みます（B面）。
② モチーフA・B・C・D・Eはそれぞれの配色で指定枚数編み、本体のA面とB面に配置を対称にして縫いつけます。モチーフの編み始め、編み終わりの糸端を好みで残してカットします。
③ 編み玉のボタンを2個作ります。
④ 本体を模様編みの切り替え線で外表に二つ折りにして2枚一緒にボタン位置で縫いとめ、③をそれぞれの面につけます。

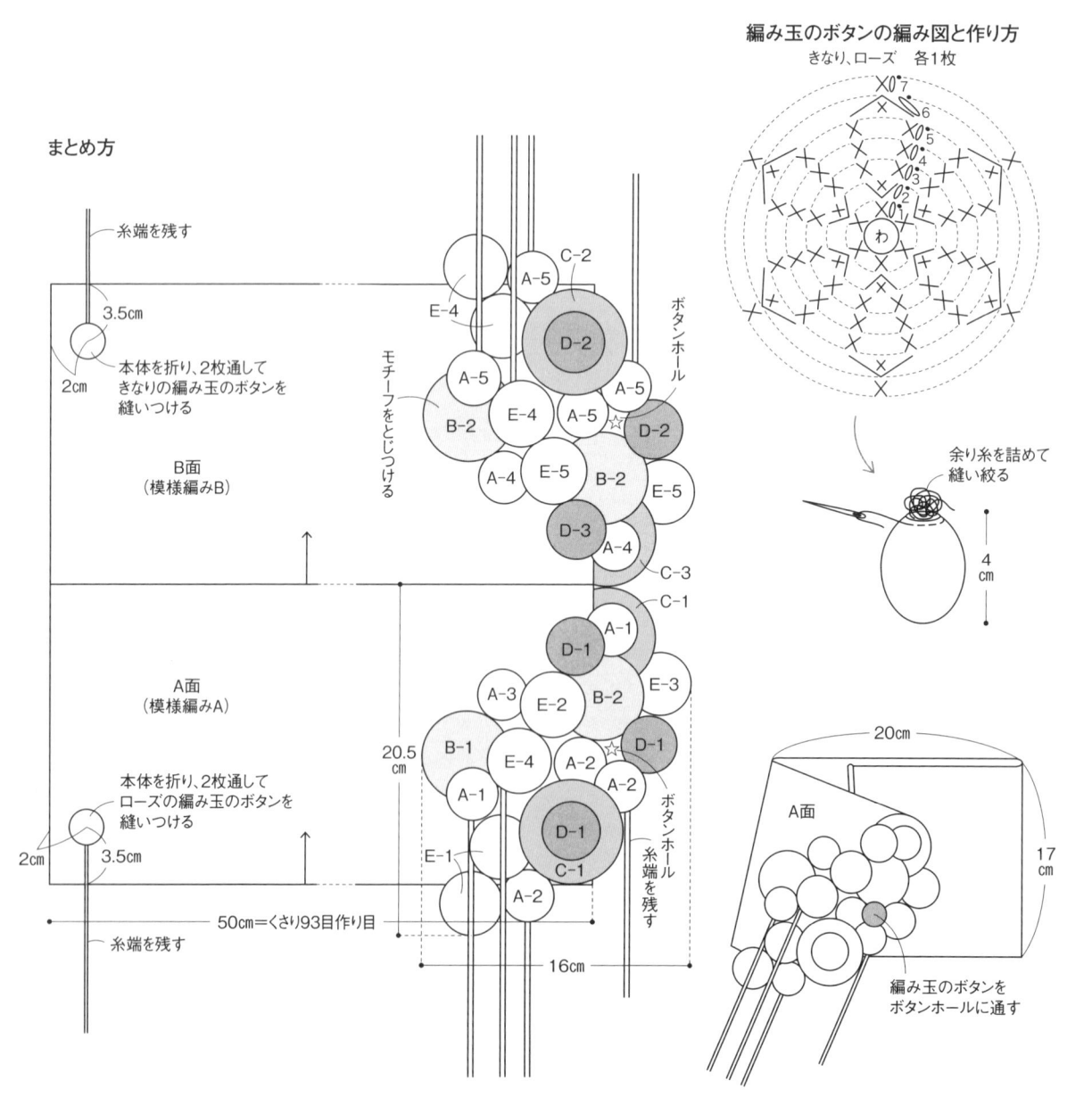

本体の編み図 ※本体Aは配色表参照、本体Bはきなりで編む。

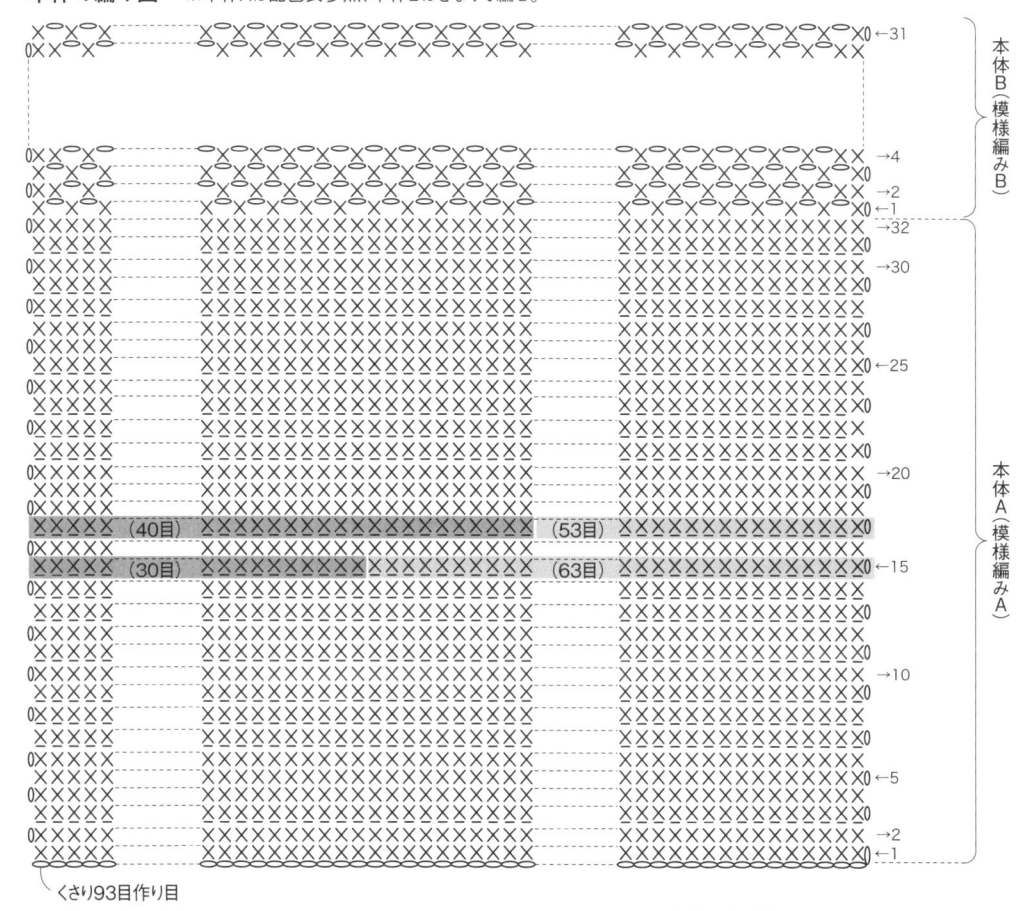

本体B（模様編みB）
本体A（模様編みA）

くさり93目作り目

モチーフの編み図

モチーフA・B・C

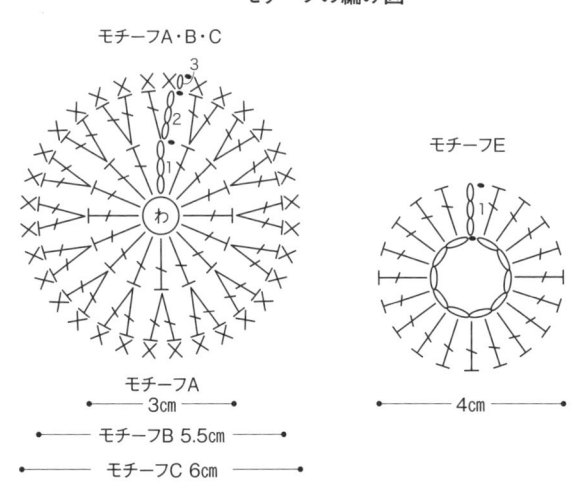

モチーフE

モチーフA 3cm
モチーフB 5.5cm
モチーフC 6cm

モチーフD

3.4cm

A〜Dは縁が立ち上がる

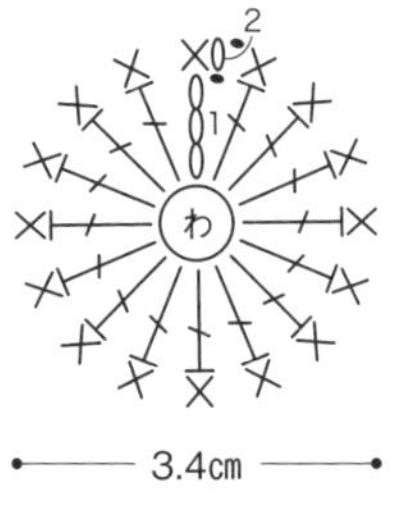

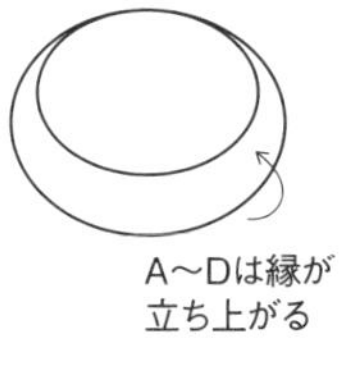

本体Aの配色表

※8段・14段・22段・28段の×は前段の手前半目を拾う。
※10段・12段・15段・16段・20段・29段は本体の左端に糸端を残す。

30〜32段め	●
29段め	藤色
21〜28段め	●
20段め	○
18〜19段め	●
17段め	＝ダークグレー(53目) ＝ローズ(40目)
16段め	○
15段め	＝きなり(63目) ＝藤色(30目)
13〜14段め	●
12段め	きなり
11段め	●
10段め	○
9段め	●
4〜8段め	○
2〜3段め	ダークグレー＝●
作り目・1段め	ライトグレー＝○

モチーフの配色と枚数

	ローズ	藤色	ライトグレー	きなり	ベージュ
モチーフA	2枚(A-1)	3枚(A-2)	1枚(A-3)	2枚(A-4)	4枚(A-5)
モチーフB	1枚(B-1)	/	/	3枚(B-2)	/
モチーフC	2枚(C-1)	/	/	1枚(C-2)	1枚(C-3)
モチーフD	3枚(D-1)	/	/	2枚(D-2)	1枚(D-3)
モチーフE	2枚(E-1)	1枚(E-2)	1枚(E-3)	4枚(E-4)	2枚(E-5)

51

03 ひらひらラリエット p.7

[材料と用具]

糸 ……… 原毛に近いメリノウール
ライトグレー（8）…30g、
グレー（9）…25g、黒（10）…10g
（試し編みや始末される糸端の分量は入っていません。5～10g程度多めに用意しましょう）

針 ……… 5/0号かぎ針、とじ針

サイズ … 幅6.5cm、長さ142cm

[編み方] 糸は1本どりで、指定の配色で編みます。

①モチーフの中心aを指定の枚数編みます。
②モチーフ1枚めはEの配色で編み、2枚めからは図とp.41フリルモチーフのつなげ方を参照して編みつなげます。
③好みの位置でフリルbの編み始めの糸端を残してアクセントにします。

モチーフの中心aの編み図

ライトグレー 23枚
グレー 12枚
黒 5枚

← 1cm →

✎ ＝糸をつける
✂ ＝糸を切る

モチーフの配色表

	a	b	枚数
A	黒	グレー	2
B	黒	ライトグレー	3
C	グレー	ライトグレー	8
D	ライトグレー	グレー	21
E	グレー	黒	4
F	ライトグレー	黒	2

モチーフの配色順

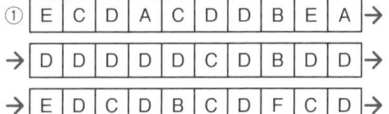

①	E	C	D	A	C	D	D	B	E	A	→
→	D	D	D	D	C	D	B	D	D	
→	E	D	C	D	B	C	D	F	C	D
→	D	D	D	E	D	D	C	F	C	㊵

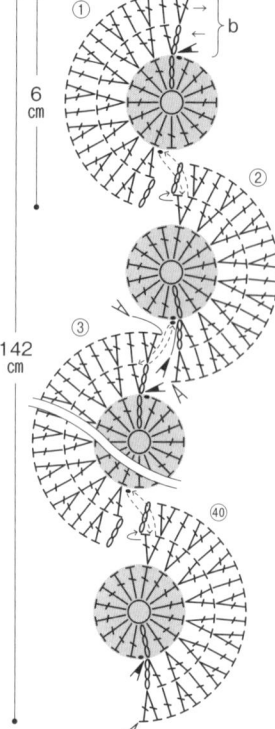

◯ ＝中心a

04 アレンジいろいろえりまき p.8

[材料と用具]

糸 ……… ポンポンウール
ライトグレー×黒（6）…110g、
グレー×マスタード（7）…100g
原毛に近いメリノウール 黒（10）…60g
（試し編みや始末される糸端の分量は入っていません。5～10g程度多めに用意しましょう）

針 ……… 8号棒針、6/0号かぎ針、とじ針

ゲージ … 模様編みA・B 21.5目、26段が10cm四方

サイズ … 長さ105cm

[編み方] 本体は1本どり、ひもは2本どりで編みます。

①本体aは指に糸をかけて作る一般的な方法で30目作り目して模様編みAで260段編み、続けて25目に減らし目して本体bを模様編みBで260段編みます。編み終わりは伏せ目にします。
②ひもは2本どりでくさり編みを編んで（計2玉使用）4本に折り、左右の輪をカットします。糸端を引いて目を引き締めます（p.44の4参照）。
③本体を折り、トップから5cm下がったところを糸（グレー×マスタード）で巻いて、縫いとめます。その上にひも4本を巻き、かた結びします。

まとめ方

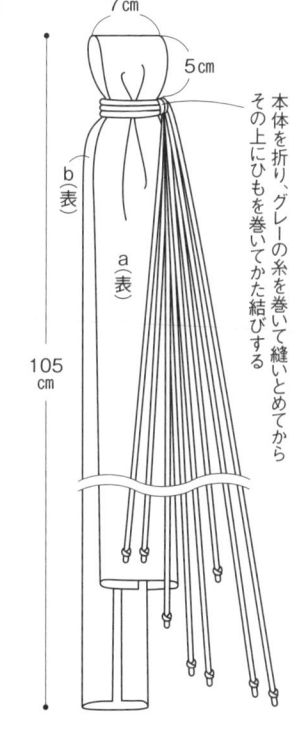

7cm
5cm
b（表）
a（表）
105cm

本体を折り、グレーの糸を巻いて縫いとめてからその上にひもを巻いてかた結びする

本体 a・b の編み図　8号針

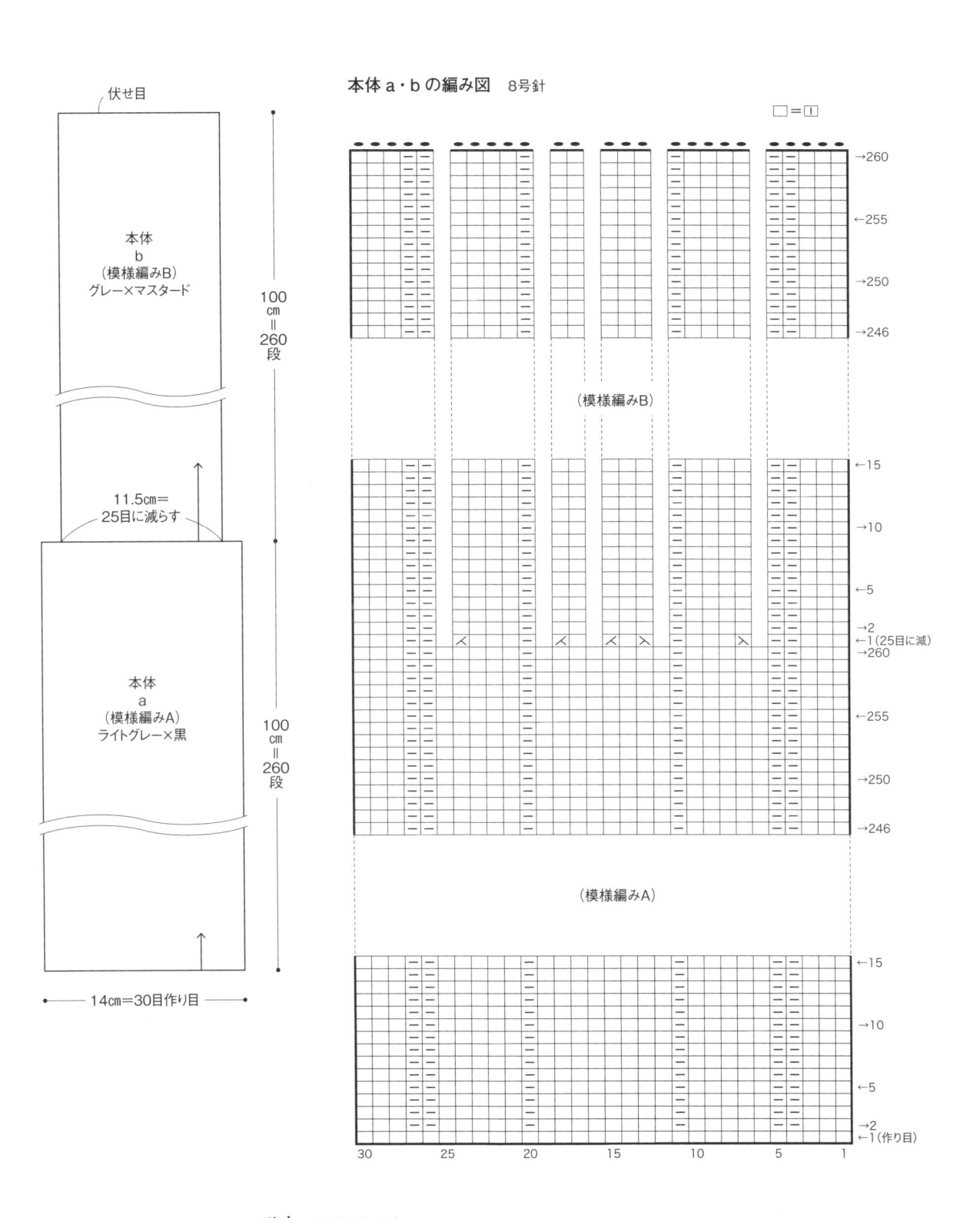

□=|1|

伏せ目

本体 b
(模様編み B)
グレー×マスタード

100cm = 260段

11.5cm = 25目に減らす

本体 a
(模様編み A)
ライトグレー×黒

100cm = 260段

14cm = 30目作り目

(模様編み B)

→260
←255
→250
→246

←15
→10
←5
→2
←1 (25目に減)
→260
←255
→250
→246

(模様編み A)

←15
→10
←5
→2
←1 (作り目)

30　25　20　15　10　5　1

ひも　6/0号針　4本

① 黒2本どりで1玉分（毛糸は2玉使用）くさり編みを編む

編み始め　　　　　　　　　　　　　　　　　　　編み終わり

④ 糸端を引いて目を引き締める　↓ ② 折る
③ カットする

05 まっすぐ帽子えりまき p.10

[材料と用具]
糸 ……… クラシックツイード　ライトグレー（9）…120g
　　　　　手つむぎ風タム糸　ベージュ（2）…60g
　　　　　（試し編みや始末される糸端の分量は入っていません。
　　　　　5〜10g程度多めに用意しましょう）
その他…直径2cmのボタン1個、手縫い糸、縫い糸、厚紙
針 ……… 8号40cm輪針、6/0号かぎ針、とじ針
ゲージ…2目ゴム編み　本体A 22目、26段が10cm四方
　　　　　　　　　　本体B 22目、22.5段が10cm四方
サイズ…図参照

[編み方]　糸は1本どりで、指定の配色で編みます。
① 本体Aを指に糸をかけて作る一般的な方法で92目作り目して輪にし、2目ゴム編みを91段編みます。続けて92段めで69目に減らし、編み終わりを伏せ目にします。
② 本体Bは本体Aの作り目から92目拾い目し、輪編みで2目ゴム編みを53段編みます。続けて54段めで69目に減らし、編み終わりを伏せ目にします。
③ 編み始めと編み終わりの糸端で空き口を2目おきにぐし縫いして糸を引き、絞り口がきれいになるように整えます。
④ 本体Aの編み終わりにはボタン、本体Bの編み終わりには半球型ポンポンとボタンループ用のくさりを作ってつけます。

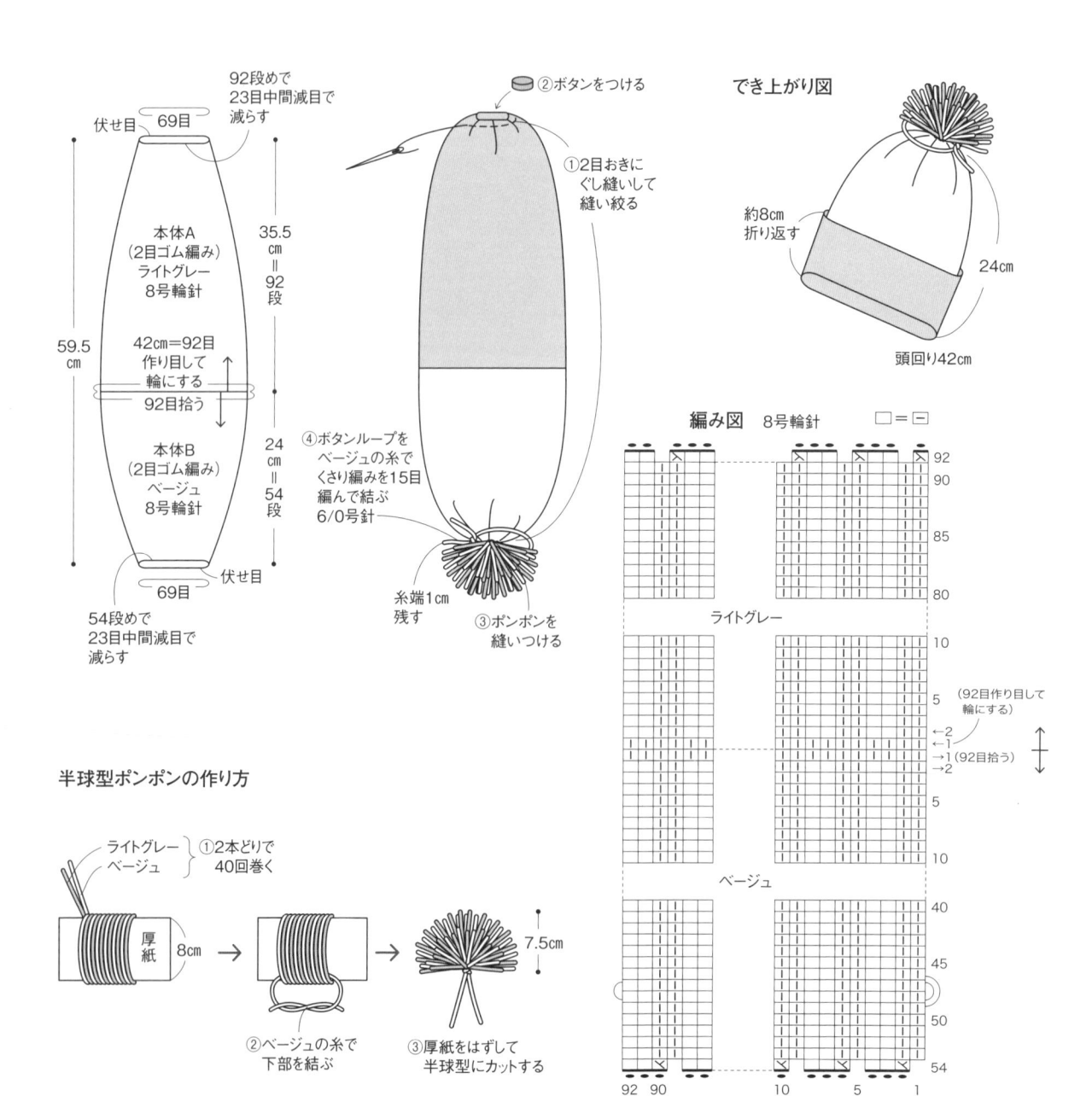

06 ピーナッツ帽子えりまき p.12

[材料と用具]
糸 ……… 原毛に近いメリノウール
　　　　ライトグレー（8）…55g、グレー（9）…75g
　　　　（試し編みや始末される糸端の分量は入っていません。
　　　　5〜10g程度多めに用意しましょう）
その他 … 直径2cmのボタン1個、手縫い糸、縫い針、厚紙
針 ……… 5号40cm輪針、6/0号かぎ針、とじ針
ゲージ … メリヤス編み　24目、33段が10cm四方
　　　　1目ゴム編み　30目、35段が10cm四方
サイズ … 図参照

[編み方]　糸は1本どりで、指定の配色で編みます。
①本体Aを指に糸をかけて作る一般的な方法で120目作り目して輪にし、メリヤス編みを83段編みます。
②続けて、本体Bを編みます。1目ゴム編みを28段、メリヤス編みを83段編み、編み終わりを伏せ目にします。
③編み始めと編み終わりの糸端で空き口を3目おきにぐし縫いして糸を引き、絞り口がきれいになるように整えます。
④本体Aの編み始めには半球型ポンポンとボタンループ用のくさりを作ってつけ、本体Bの編み終わりにはボタンを縫いつけます。

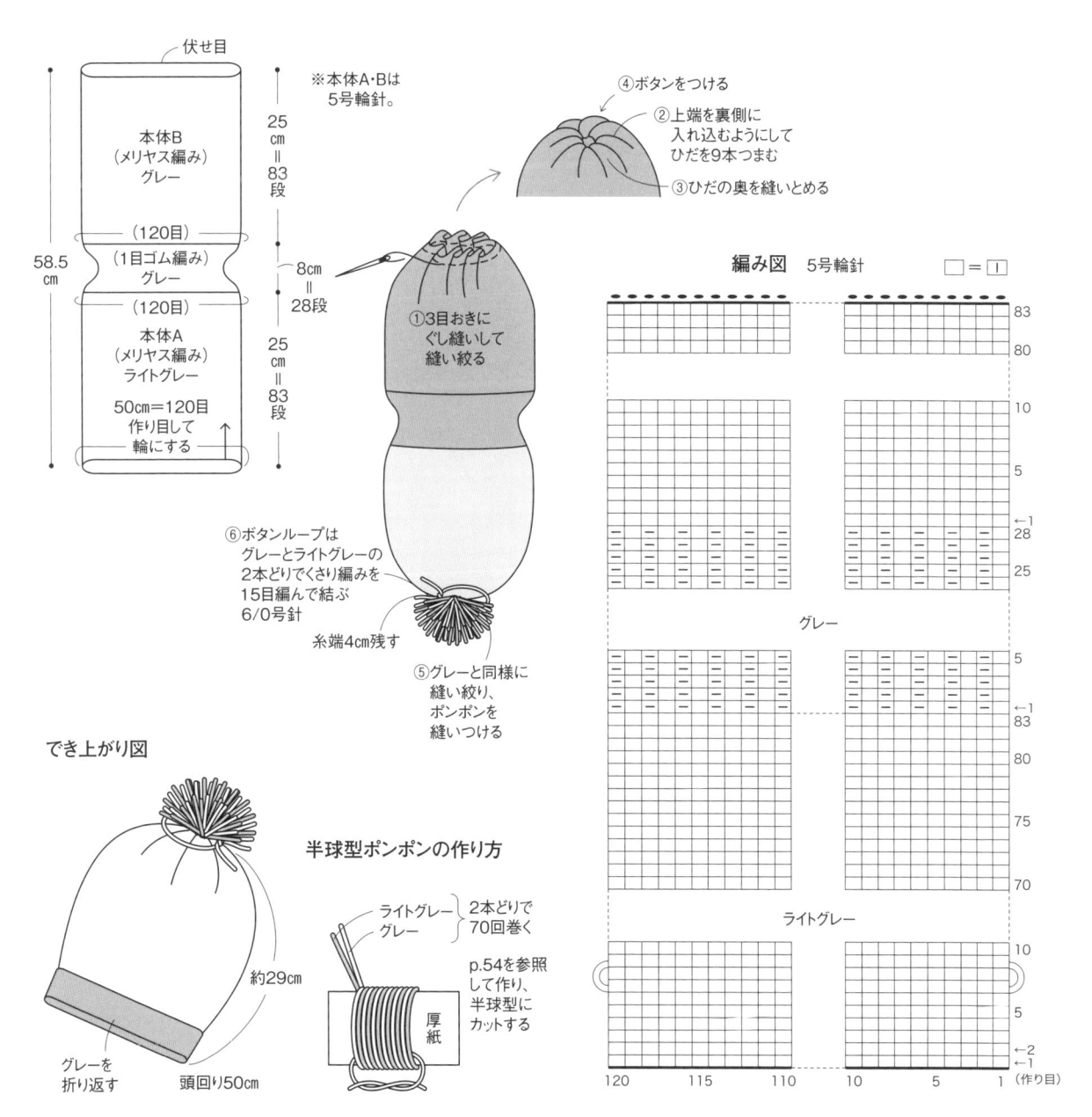

07 ポコポコツイードバッグ p.14

[材料と用具]

糸 …… クラシックツイード　ブルー（3）…200g
　　　（試し編みや始末される糸端の分量は入っていません。
　　　5～10g程度多めに用意しましょう）
その他 … きなりの木綿地（薄手）80㎝×80㎝、
　　　手縫い糸、縫い糸
針 …… 7/0号かぎ針、とじ針
ゲージ … 模様編み（長編み5目のパプコーン編み、鎖5目部分）
　　　3.8模様、6.5段が10㎝四方
　　　こま編み　12目、16段が10㎝四方
サイズ … 本体円周80㎝　入れ口円周50㎝　深さ約30.5㎝
　　　持ち手丈14㎝

[編み方]　糸は1本どりで編みます。

① 本体は糸端を輪にして編み始め、1段めはくさり3目で立ち上がり、長編みを11目編みます。
② 2～20段は長編みのパプコーン編みとくさり編みで図のように増減目して編みます。
③ 21段は20段めのくさり2目をそっくり拾ってこま編み2目ずつ、全体で60目編みます。22段めはこま編みを1段編みます。
④ 持ち手をこま編みで2本編み、本体の入れ口にとじつけます。
⑤ 中袋布は図を参照して木綿地を折りたたみ、直径70㎝の円形に裁ちます。
⑥ 本体と中袋布を外表に合わせ、本体の入れ口から0.8㎝下を縫い合わせます。

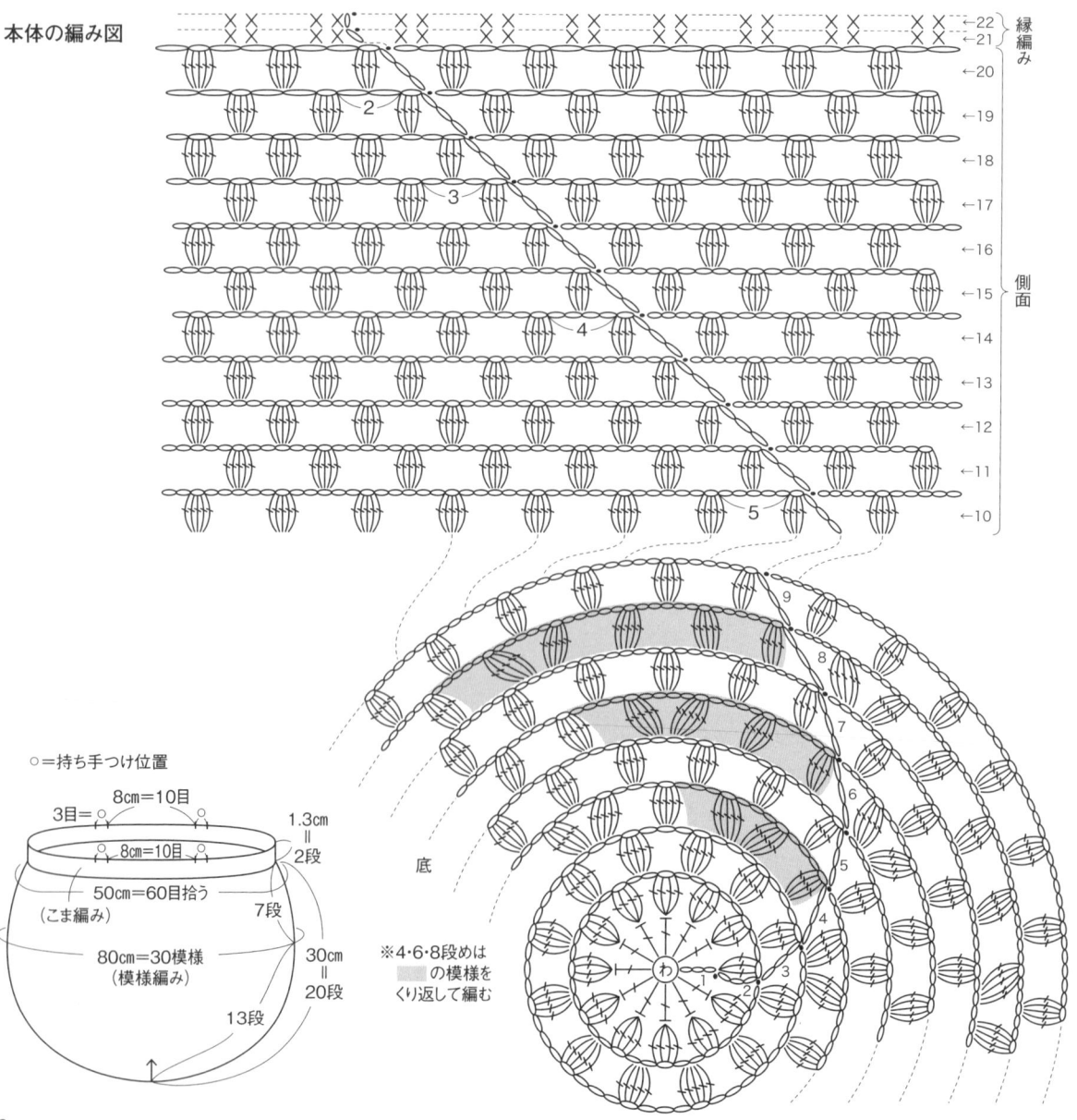

持ち手の編み図

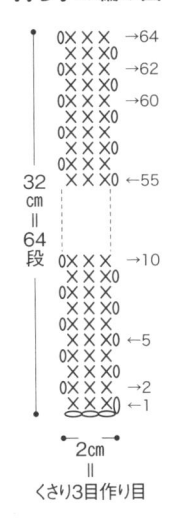

```
0×××    →64
0×××0   →62
×××0    →60
0×××
0×××0
×××0
0×××    ←55
32cm =
64段
0×××    →10
0×××0
×××0
0×××    ←5
0×××0
×××0    →2
0×××0   ←1
```

2cm = くさり3目作り目

中袋布の裁ち方

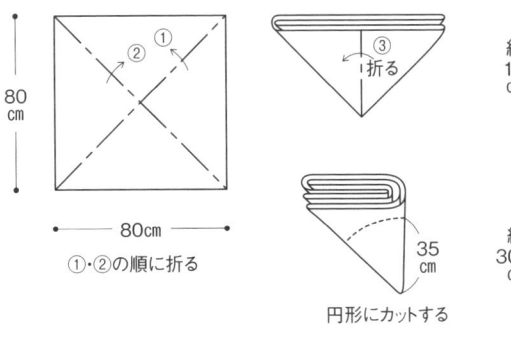

80cm × 80cm
①・②の順に折る

③折る
35cm
円形にカットする

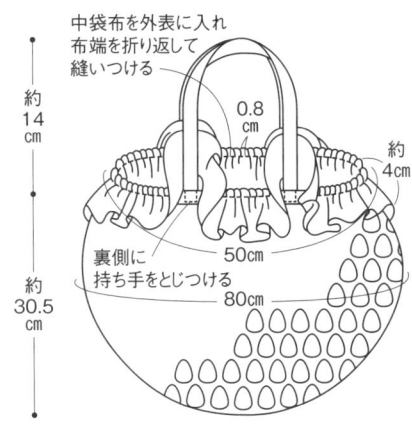

約14cm
約30.5cm
0.8cm
約4cm
50cm
80cm

中袋布を外表に入れ布端を折り返して縫いつける
裏側に持ち手をとじつける

---

23 コサージュ＆ヘアゴム p.34

[材料と用具]

糸 …… **コサージュa** ／コンビネーションウール
　　　　赤（5）…7g、
　　　　赤・きなりミックス（4）…11g
　　　コサージュb ／手つむぎ風タム糸
　　　　ベージュ（2）…4g、きなり（1）…3g、
　　　　ブルーグリーン（16）…3g
　　　ヘアゴム ／コンビネーションウール
　　　　きなり（1）…11g
　　　（試し編みや始末される糸端の分量は入っていません。5～10g程度多めに用意しましょう）

その他 … **コサージュa、b**
　　　　グレーのフェルト7×2.5cm、ブローチピン2個
　　　ヘアゴム 直径5.5cmのヘアゴム1個

針 …… 6/0、7/0号かぎ針、とじ針

ゲージ … 2目ゴム編み
　　　　本体A 22目、26段が10cm四方
　　　　本体B 22目、22.5段が10cm四方

サイズ … **コサージュa** 8.4×6cm
　　　　コサージュb 7.4×6.2cm、
　　　　ヘアゴム 直径約5cm（ヘアゴム含まず）

[編み方] 糸は1本どりで、指定の配色で編みます。
① 花の目数と配色と図を参照して、花を編みます。
② ①を右側から内側に巻き、根元を縫いとめます。
③ コサージュとヘアゴムの形にそれぞれまとめます。

花Aの編み図

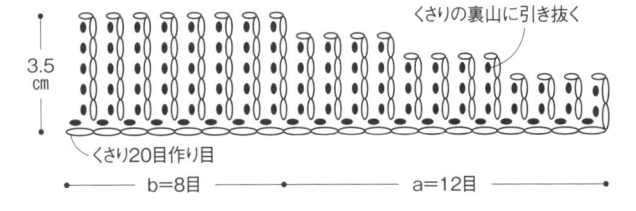

3.5cm
くさり20目作り目
b=8目　a=12目
くさりの裏山に引き抜く

モチーフの配色表

		目数	配色
コサージュa	花A	20目作り目 a=12目 b=8目	赤
	花B	35目作り目 a=12目 b=23目	赤・きなりミックス
コサージュb	花C	32目作り目 a=12目 b=20目	ベージュ
	花D	19目作り目 a=12目 b=7目	きなり
	花E		ブルーグリーン
ヘアゴム	花F	35目作り目 a=12目 b=23目	きなり

花の編み地の巻き方

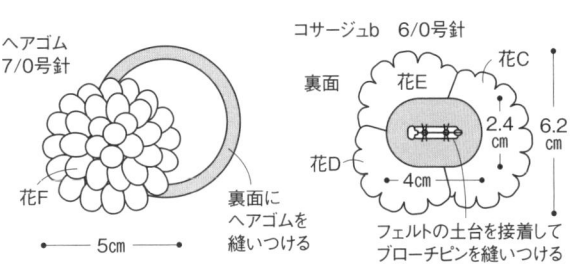

（表）a側
内側から巻いていき、根元を縫いとめる

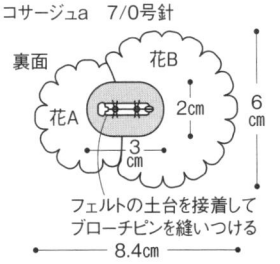

コサージュa 7/0号針

裏面　花A　花B
6cm　2cm　3cm　8.4cm
フェルトの土台を接着してブローチピンを縫いつける

ヘアゴム 7/0号針

花F
5cm
裏面にヘアゴムを縫いつける

コサージュb 6/0号針

裏面　花C　花E　花D
6.2cm　2.4cm　4cm　7.4cm
フェルトの土台を接着してブローチピンを縫いつける

08 フリルつきえりまき p.15

[材料と用具]

糸 ……… コンビネーションウール
　　　　紺・きなりミックス（6）… 175g、
　　　　紺（7）… 40g、きなり（1）… 10g
　　　（試し編みや始末される糸端の分量は入っていません。
　　　　5〜10g程度多めに用意しましょう）

針 ……… 9号棒針、7/0号かぎ針、とじ針

ゲージ … 模様編みA　16目、8段・こま編み　16目、19段
　　　　メリヤス編み　16目、26段
　　　　模様編みB　16目、26段
　　　　模様編みC　16段、16段
　　　　模様編みD　16目、28段がそれぞれ10cm四方

サイズ … 幅22cm、長さ105cm

[編み方]　糸は1本どりで編みます。

① 本体はⒶ・Ⓒ・Ⓓ・Ⓕをそれぞれの模様編みで編み、ⒸからはⒷを、ⒻからはⒺを拾い目して編みます。ⒶとⒷ、ⒸとⒹ、ⒹとⒺを巻きかがりはぎではぎます。

② フリルa・b・c・dを本体に編みつけます。

※花をつける場合は、p.57のヘアゴム・花Fの編み方を参照し、表面に縫いつけて仕上げます。

中長編み

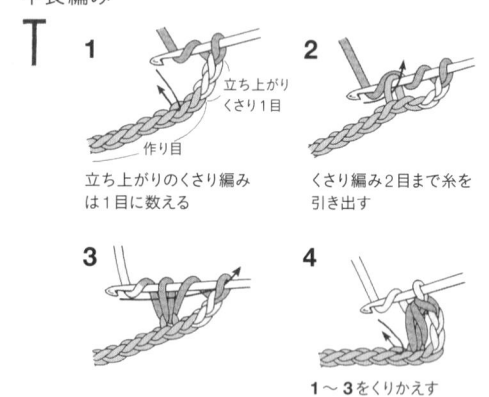

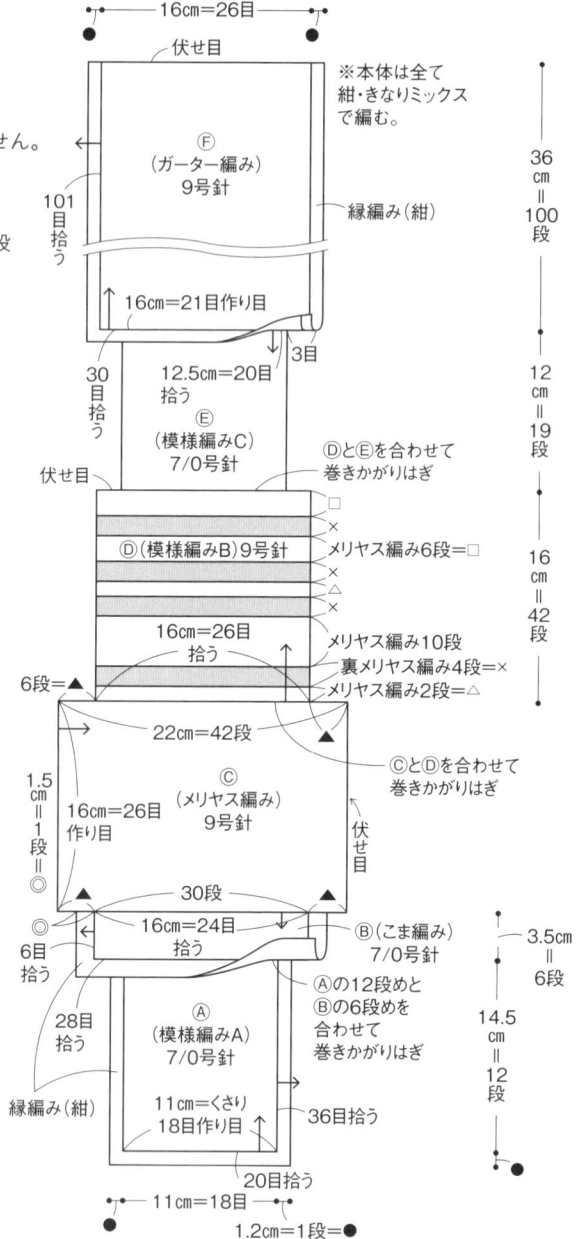

1　立ち上がりのくさり編みは1目に数える
2　くさり編み2目まで糸を引き出す
3
4　1〜3をくりかえす

基本的な編み地

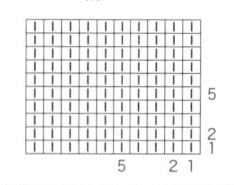

メリヤス編み
最も基礎となる編み地です。平らに往復編みで編む場合は、奇数段は表編み、偶数段は裏返して編むので、裏編み（記号の逆の編み目）を編みます。

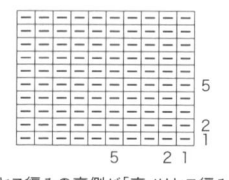

裏メリヤス編み
メリヤス編みの裏側が「裏メリヤス編み」になります。平らに往復編みで編む場合は、奇数段は裏編み、偶数段は裏返して編むので、表編み（記号の逆の編み目）を編みます。

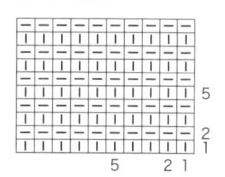

ガーター編み
表編み1段と裏編み1段を交互に編んだものです。往復編みで編む場合は、毎段表編みを編みます。

59

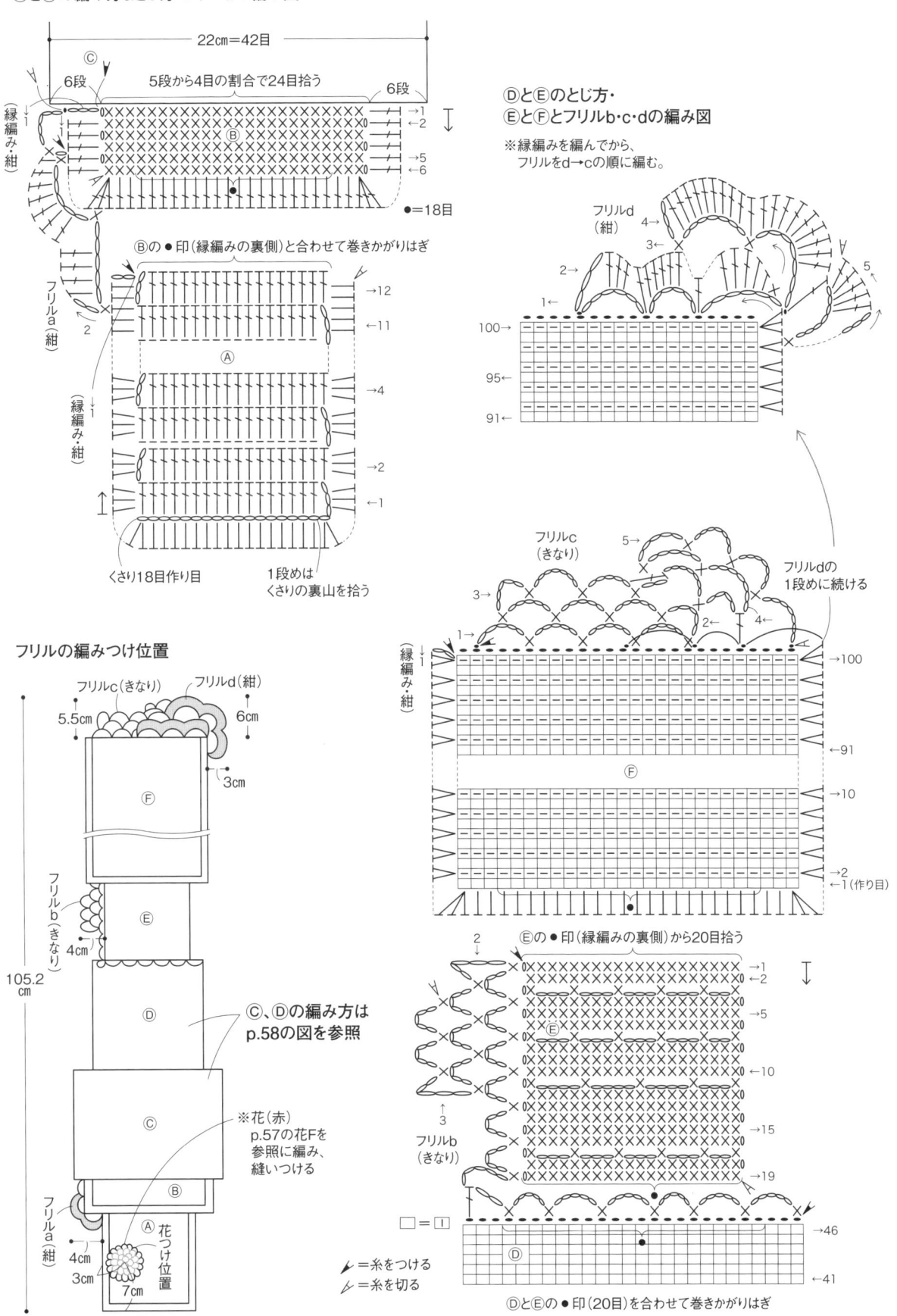

10 着まわしスヌード p.18

[材料と用具]
糸 ……… 原毛に近いメリノウール
　　　　　グリーン（4）…255g、　ベージュ（2）…40g
　　　　　（試し編みや始末される糸端の分量は入っていません。
　　　　　5～10g程度多めに用意しましょう）
針 ……… 5/0号かぎ針、8号棒針、とじ針
ゲージ … メリヤス編み　18.5目、27段が10cm四方
　　　　　模様編み　18目、15段が10cm四方
サイズ … 総丈43.5cm、円周124cm

[編み方]　糸は2本どりで、指定の配色で編みます。
①身頃は指に糸をかけて作る一般的な方法で100目作り目し、メリヤス編みで94段編んで編み終わりは伏せ目にします。2枚編みます。
②作り目から40段（袖口の空き）を残して、身頃の脇をすくいとじ（1目内側）でとじます。
③衿ぐり、裾から拾い目してそれぞれ縁編みを編みます。

右増し目

※左増し目は
p.78参照。

1段下の目を
すくって編む

本体の編み図

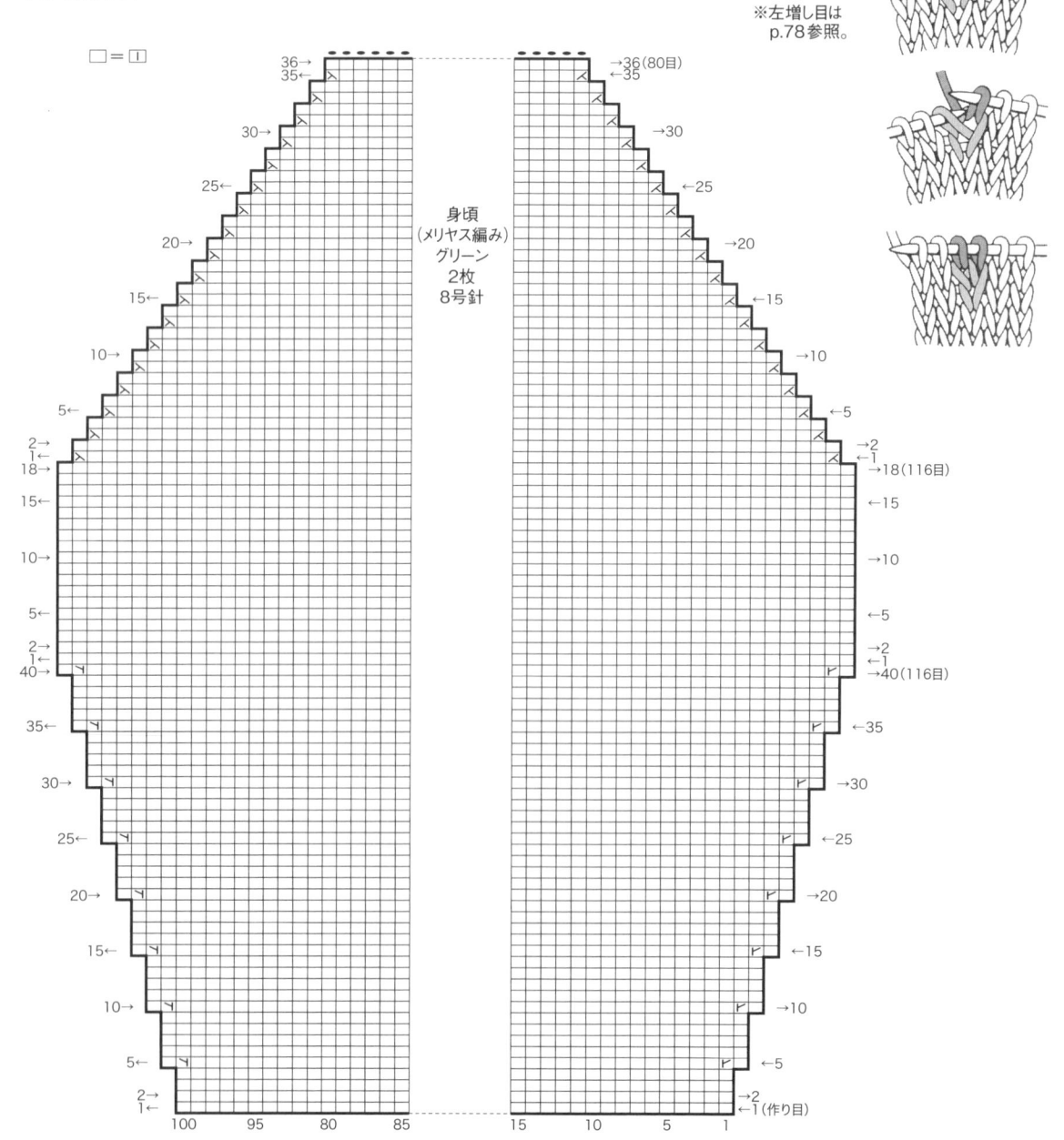

□ = □

身頃
（メリヤス編み）
グリーン
2枚
8号針

縁編みA（衿ぐり側）の編み図　1〜2段めはグリーン、3〜5段めはベージュで編む

※1段めは〈5目ごとに1目減〉をくり返して編む。2段めは〈8目で1目減・7目で1目減〉を5回くり返し、最後は〈8目で1目減・7目で1目減〉を1回編む。

縁編みB（裾側）の編み図　1〜2段めはグリーン、3〜8段めはベージュで編む

※1段めは〈6目で1目減・5目で1目減〉を16回くり返し、残りの目は〈5目ごとに1目減〉を5回くり返して編む。

★ = 減らし方は p.60の図参照
☆ = 増やし方は p.60の図参照

縁編みの編みつけ方

12 ふわもこネックウォーマー p.22

[材料と用具]

糸 ……… 手つむぎ風タム糸　ブルーグリーン（16）…85g
　　　　　ビックボールミスト　ライトグレー（6）…50g
　　　　　（試し編みや始末される糸端の分量は入っていません。
　　　　　5～10g程度多めに用意しましょう）

針 ……… 8/0号かぎ針、8号棒針、とじ針

ゲージ … メリヤス編み　18目、26段が10cm四方
　　　　　ガーター編み　18目、30段が10cm四方
　　　　　リングこま編み　12目、13段が10cm四方

サイズ … 幅16.5cm

[編み方]　糸は1本どりで、指定の配色で編みます。

① 本体Aは指に糸をかけて作る一般的な方法で60目作り目し、メリヤス編み30目、ガーター編み30目で136段編み、編み終わりは伏せ目にします。

② 本体Aを中表に二つ折りにし、両端を編み終わり側から45cmを巻きかがり（とじ）でとじ、表に返します。

③ 本体Bはガーター編み（☆）から30目拾い目して表裏ともこま編みのリング編みを25段編み、編み地を裏返して△と▲を巻きかがり（とじ）でとじ、表に返します。

④ 本体Bを1回ねじり、○と●を合わせて本体に差し込み、ガーター編みにまつり縫いで縫い合わせます。

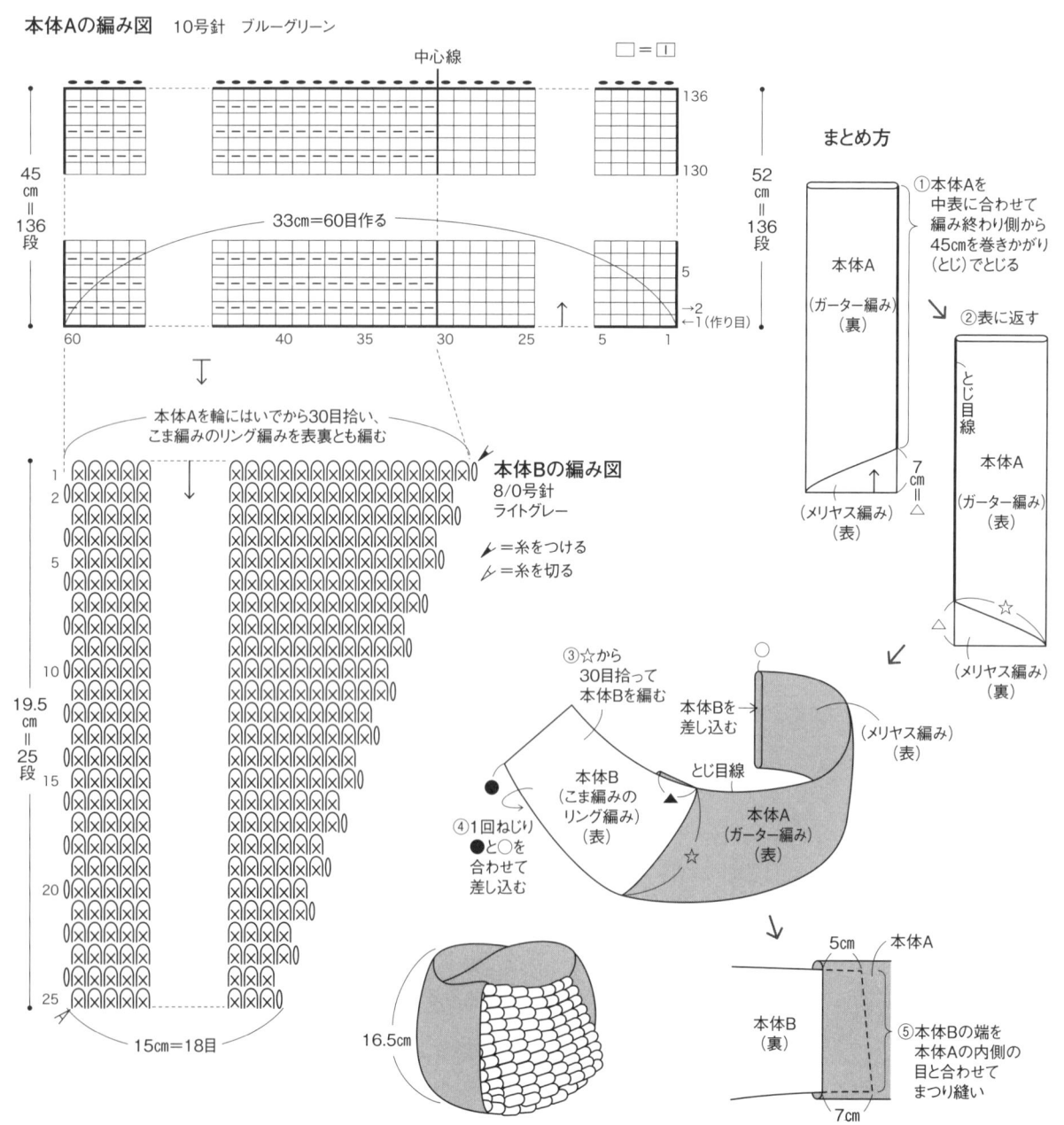

13 バイカラークラッチバッグ p.23

[材料と用具]
糸 ……… ポンポンウール
　　　　　ブルー×黒(4)…60g、キャメル×青(3)…55g
　　　　　(試し編みや始末される糸端の分量は入っていません。
　　　　　5〜10g程度多めに用意しましょう)
その他 … 黒の木綿地(薄手)33㎝×45㎝を2枚
針 ……… 6号棒針、5/0号かぎ針、とじ針
ゲージ … 模様編み・メリヤス編み・裏メリヤス編み
　　　　　19.5目、28段が10㎝正方
サイズ … 深さ22㎝、幅34㎝

[編み方]　糸は1本どりで、指定の配色で編みます。
①本体A・Bは指に糸をかけて作る一般的な方法でそれぞれ作り目して編み、編み終わりは裏側から伏せ目にします。Aを横、Bを縦にして合わせ、Aの内側半目とBの作り目をすくいとじでとじます。
②ひもをくさり編みで220目作り目し、くさりの裏山を拾って引き抜き編みをします。
③中袋布用の木綿地1枚を本体の裏に外表に重ねて入れ口側を縫います。もう1枚を外表に重ね、入れ口を除いた3辺を縫います。
④ひもを底の中心に縫いつけます。

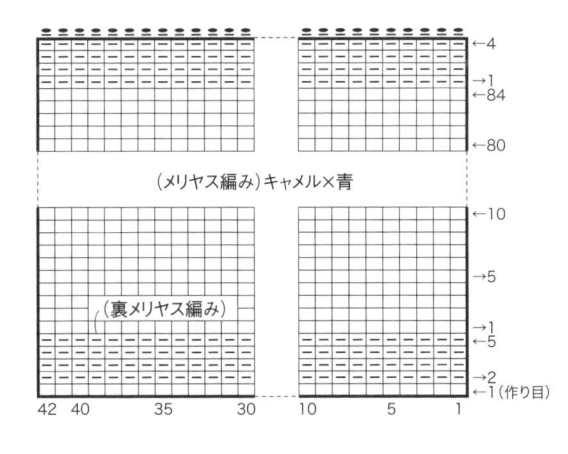

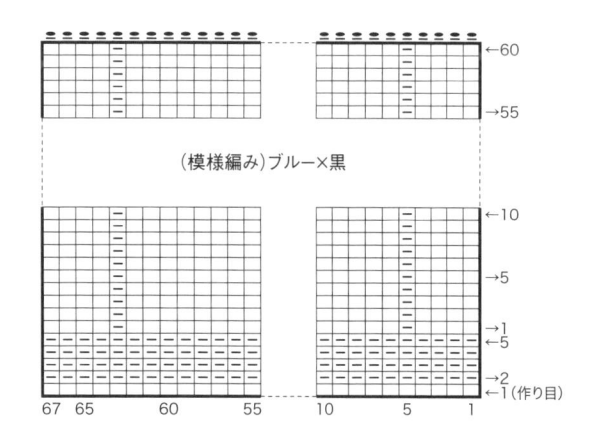

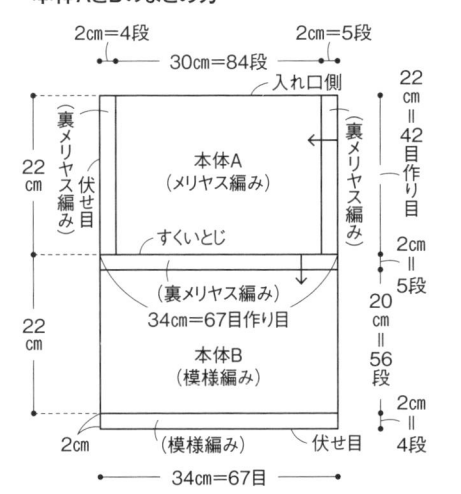

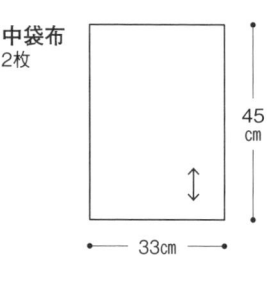

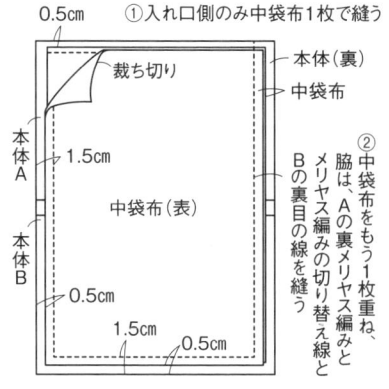

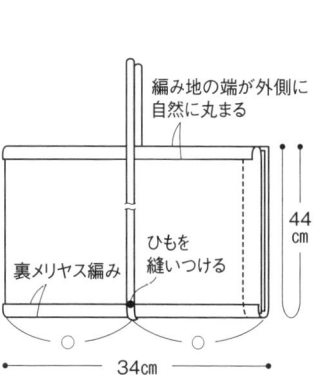

15 リボンバッグ p.24

[材料と用具]

糸 ……… コンビネーションウール
　　　　 紺・きなりミックス（6）… 95g、
　　　　 きなり（1）… 65g、紺（7）… 65g
　　　　 （試し編みや始末される糸端の分量は入っていません。
　　　　 5〜10g程度多めに用意しましょう）
その他 … きなりの布製トートバッグ（袋部分26cm×30cm）を
　　　　 1枚、手縫い糸、縫い針
　　　　 ※作品では布製マイバッグ
　　　　 A4生成（無印良品）を使用。

針 ……… 9号棒針、とじ針
ゲージ … 模様編み（a・b・c・d・e・f）
　　　　 20目、20段が10cm四方
サイズ … 深さ約32.5cm、幅26cm

[編み方]　糸は1本どりで、指定の配色で編みます。

① a・b・c・d・e・fのパーツは指に糸をかけて作る一般的な方法で作り目をし、それぞれ模様編みで編み、編み終わりは伏せ目にします。

② p.65の図を参照して①を並べ、リボン分を残して縫い合わせます。縫い残しておいた左右のリボン分を重ねて縫い、糸をきつく引いてとめます。底をとじて袋にします。

③ 布製トートバッグを②の袋に入れ、袋口を縫いつけます。

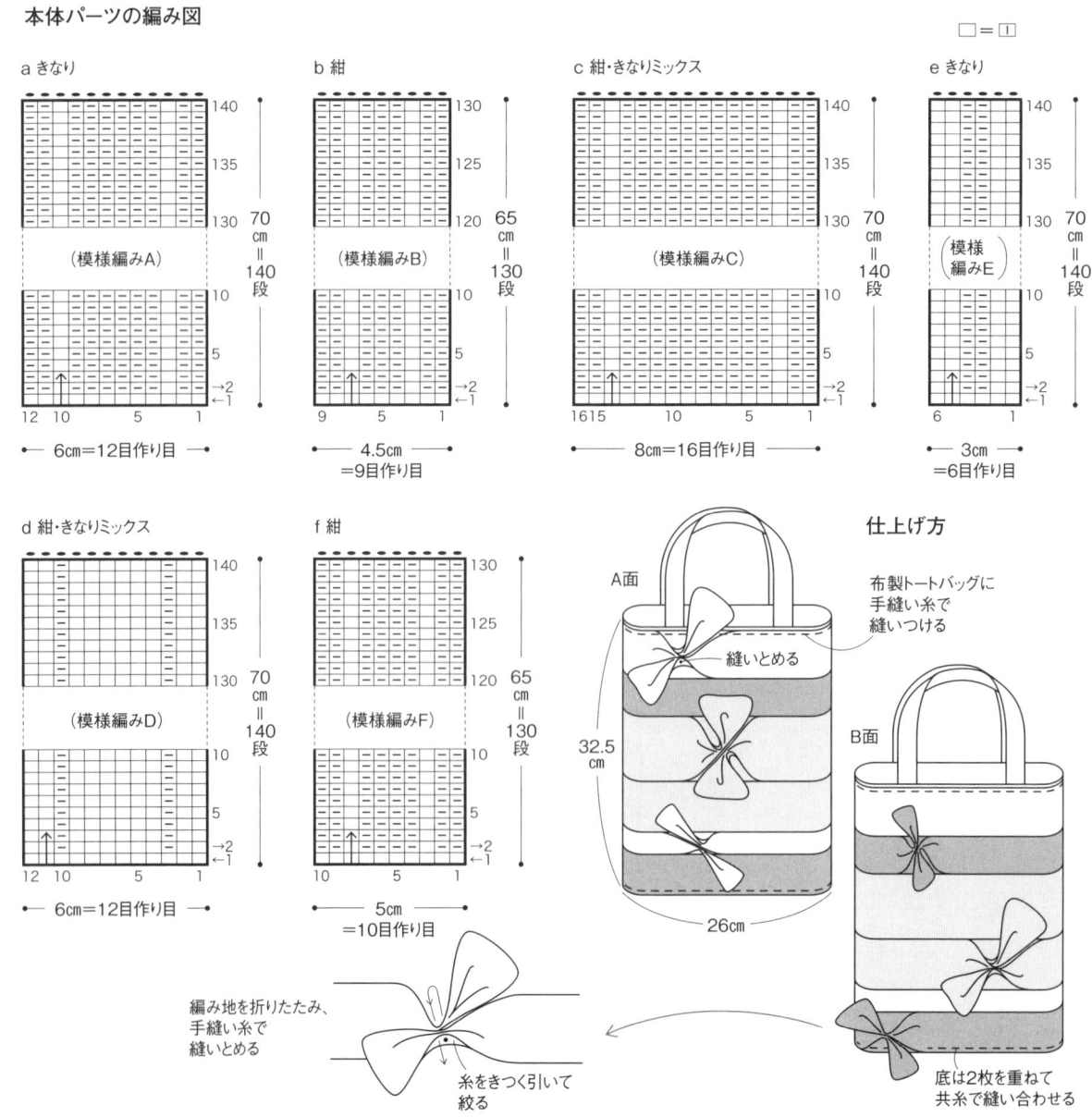

本体パーツの編み図

□ = □

a きなり　　　　　　b 紺　　　　　　c 紺・きなりミックス　　　　　　e きなり

（模様編みA）70cm=140段　　（模様編みB）65cm=130段　　（模様編みC）70cm=140段　　（模様編みE）70cm=140段

6cm=12目作り目　　4.5cm=9目作り目　　8cm=16目作り目　　3cm=6目作り目

d 紺・きなりミックス　　　　　　f 紺

（模様編みD）70cm=140段　　（模様編みF）65cm=130段

6cm=12目作り目　　5cm=10目作り目

仕上げ方

A面　　B面

32.5cm、26cm

布製トートバッグに手縫い糸で縫いつける

縫いとめる

底は2枚を重ねて共糸で縫い合わせる

編み地を折りたたみ、手縫い糸で縫いとめる

糸をきつく引いて絞る

本体パーツの縫い合わせ方

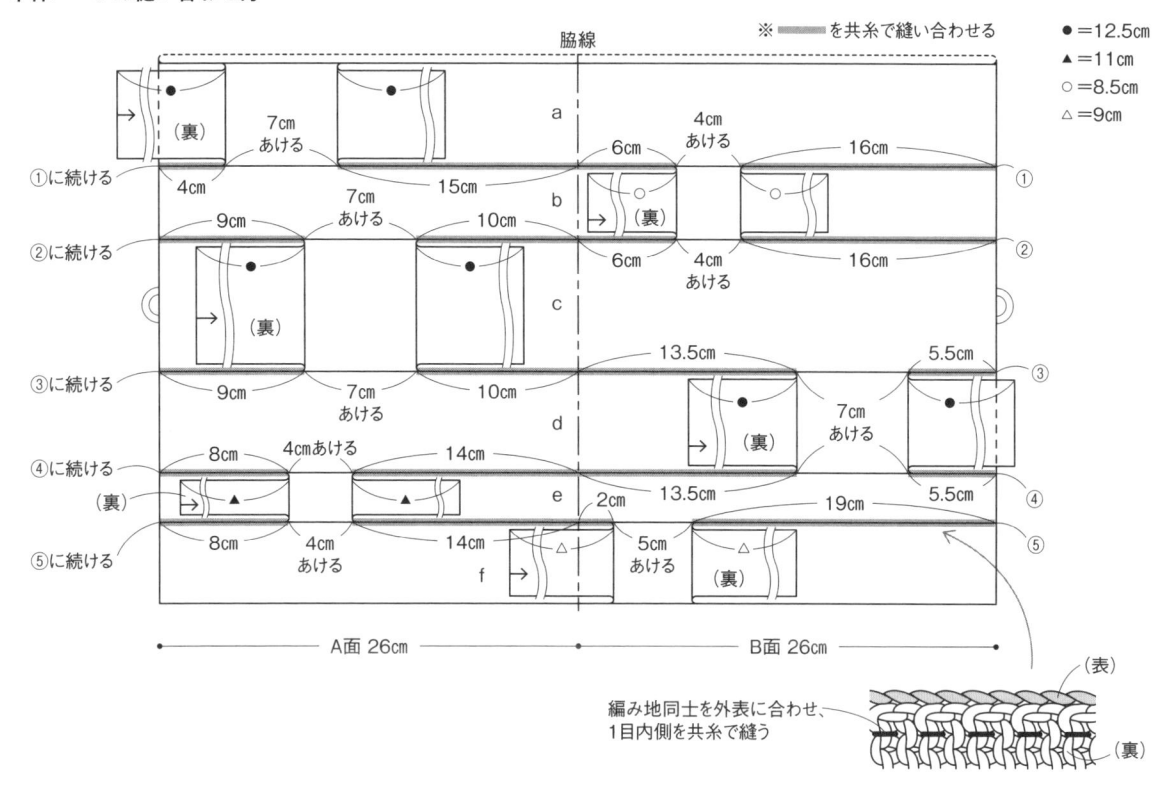

※ ▬▬▬ を共糸で縫い合わせる

● = 12.5cm
▲ = 11cm
○ = 8.5cm
△ = 9cm

編み地同士を外表に合わせ、1目内側を共糸で縫う

14 むすび目バッグ p.24

[材料と用具]

糸 ……… コンビネーションウール
  きなり(1)…100g、赤(5)…60g、
  赤・きなりミックス(4)…40g
  (試し編みや始末される糸端の分量は入っていません。
  5～10g程度多めに用意しましょう)
その他 …きなりの布製トートバッグ(袋部分26cm×30cm)を1枚、
  手縫い糸、縫い針
  ※作品では布製マイバッグA4生成(無印良品)を使用。
針 ……… 9号棒針、とじ針
ゲージ … メリヤス編み・裏メリヤス編み
  16目、21段が10cm四方
サイズ … 深さ約31cm、幅26cm

本体パーツb・c・dの編み方とまとめ方

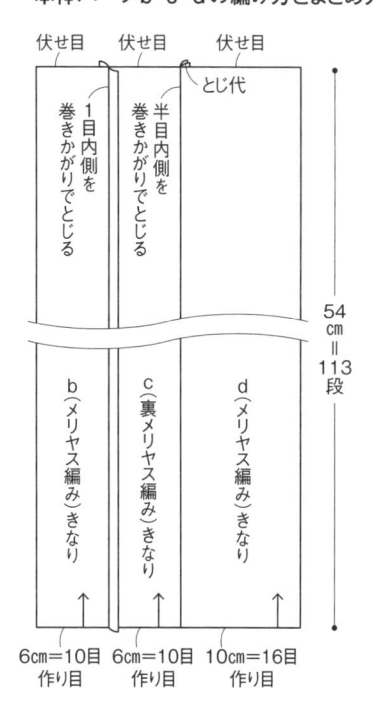

伏せ目 / 伏せ目 / 伏せ目
1目内側を巻きかがりでとじる
半目内側を巻きかがりでとじる
とじ代

54cm = 113段

b (メリヤス編み) きなり
c (裏メリヤス編み) きなり
d (メリヤス編み) きなり

6cm=10目作り目 / 6cm=10目作り目 / 10cm=16目作り目

[編み方] 糸は1本どりで、指定の配色で編みます。

①本体パーツaは指に糸をかけて作る一般的な方法で10目作り目をし、色を替えながらメリヤス編みを483段編み、編み終わりは伏せ目にします。p.66の図を参照して10回結びます。
②本体パーツb・c・dはそれぞれ指に糸をかけて作る一般的な方法で作り目をし、メリヤス編みを113段編み、編み終わりは伏せ目にします。b・dはメリヤス編み、cは裏メリヤスを表にしてとじ合わせ、脇と底をとじて袋にします。
③本体パーツaを布製トートバッグに巻きつけながらとじ合わせます。バッグの底側を②の袋に入れ、aとdをとじ合わせます。
④袋口を縫いつけます。

本体パーツaの編み方とまとめ方

本体パーツのまとめ方と仕上げ方

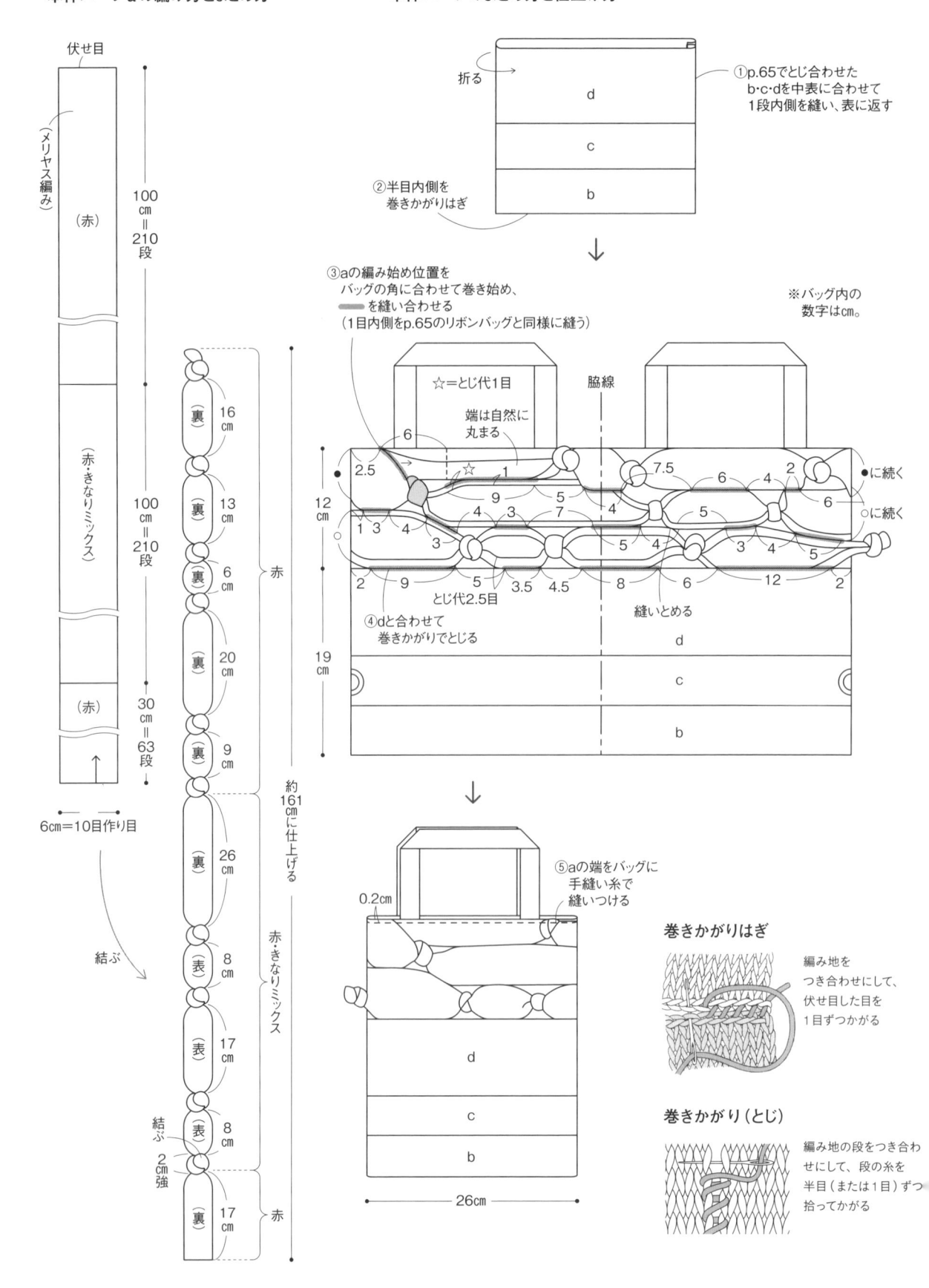

①p.65でとじ合わせたb・c・dを中表に合わせて1段内側を縫い、表に返す

折る

②半目内側を巻きかがりはぎ

③aの編み始め位置をバッグの角に合わせて巻き始め、━━を縫い合わせる
（1目内側をp.65のリボンバッグと同様に縫う）

※バッグ内の数字はcm。

☆＝とじ代1目

端は自然に丸まる

脇線

④dと合わせて巻きかがりでとじる

縫いとめる

⑤aの端をバッグに手縫い糸で縫いつける

巻きかがりはぎ
編み地をつき合わせにして、伏せ目した目を1目ずつかがる

巻きかがり（とじ）
編み地の段をつき合わせにして、段の糸を半目（または1目）ずつ拾ってかがる

伏せ目
（メリヤス編み）
（赤）
100cm＝210段

（赤・きなりミックス）
100cm＝210段

（赤）
30cm＝63段

6cm＝10目作り目

結ぶ

約161cmに仕上げる

（裏）16cm
（裏）13cm
（裏）6cm
（裏）20cm
（裏）9cm
（裏）26cm
（表）8cm
（表）17cm
結ぶ
2cm強
（表）8cm
（裏）17cm

赤
赤・きなりミックス
赤

19 チョコチップスヌード　p.30

[材料と用具]
糸 ……… ポンポンウール　ベージュ×黒（2）…290g
　　　　　原毛に近いメリノウール
　　　　　こげ茶（11）…30g、黒（10）…15g
　　　　　（試し編みや始末される糸端の分量は入っていません。
　　　　　5～10g程度多めに用意しましょう）
針 ……… 7号60cm輪針、6/0号かぎ針、とじ針
ゲージ … 模様編み　18目、34段が10cm四方
サイズ … 丈35cm、円周90cm

[編み方]　糸は1本どりで、指定の配色で編みます。
①本体は指に糸をかけて作る一般的な方法で160目作り目して輪にし、作り目の編み始め側を1回転させて、1段めを編み始めます。2段めから116段まで続けて模様編みを編み、編み終わりは5目ごとに2目一度で減らし目しながら伏せ目にします。編み地がねじれて編み上がります。
②衿ぐり側と裾側に縁編みを編み、裏側に1段折り返してまつります。

本体と縁編みA（衿ぐり側）の編み図　□=☐

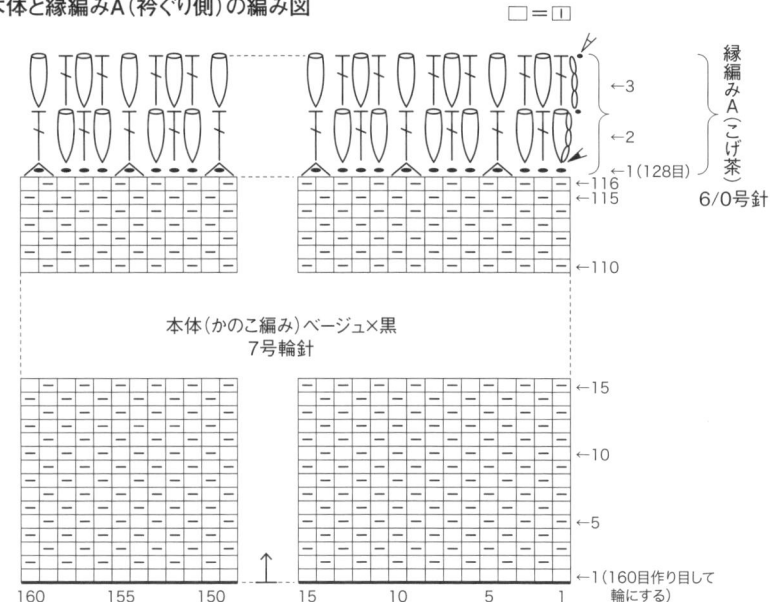

縁編みA（こげ茶）6/0号針
←1(128目)
←116
←115
←110
←15
←10
←5
←1(160目作り目して輪にする)

本体（かのこ編み）ベージュ×黒　7号輪針

本体の編み方 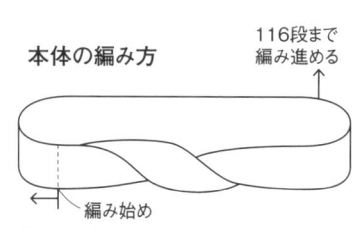
116段まで編み進める
編み始め
①160目作り目する
②作り目の編み始め側を1回転させてねじり、1段めを編む
③輪編みで116段編む

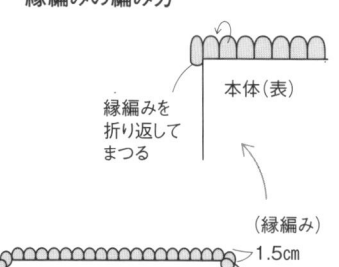

縁編みB（裾側）の編み図　6/0号針
☆に続ける
←2（黒）
←1（こげ茶）(160目)
→1
→5
本体
縁編みB

縁編みの編み方
本体（表）
縁編みを折り返してまつる
（縁編み）
1.5cm
（模様編み）
衿ぐり側から130目拾う
35cm＝116段
裾側から160目拾う
90cm＝160目作り目して1回転させてねじり輪にする
約30cm

☐ = ☐ = 長編み4目のパプコーン編み
✎ = 糸をつける
✁ = 糸を切る
⌒ = 2目一度に引き抜く

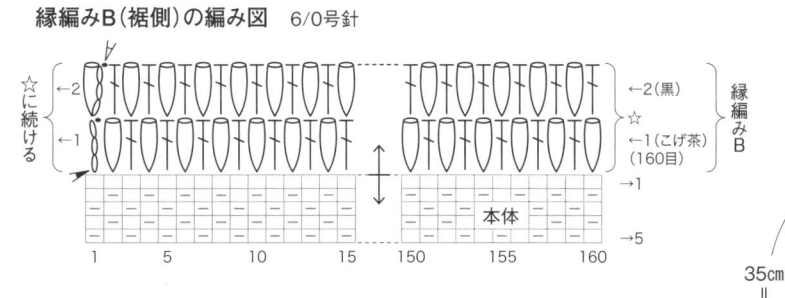

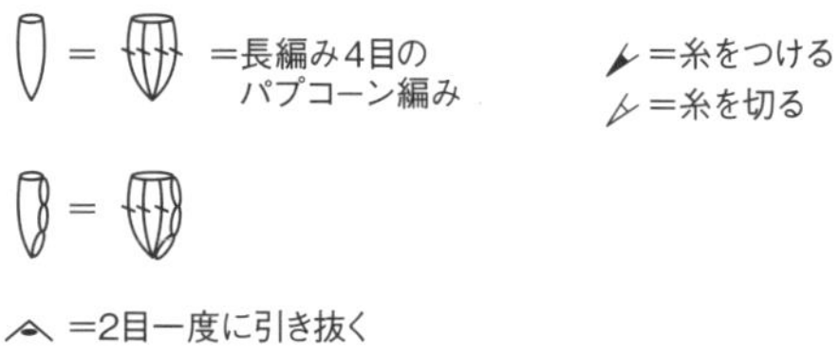

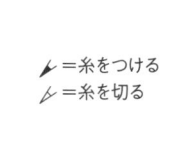

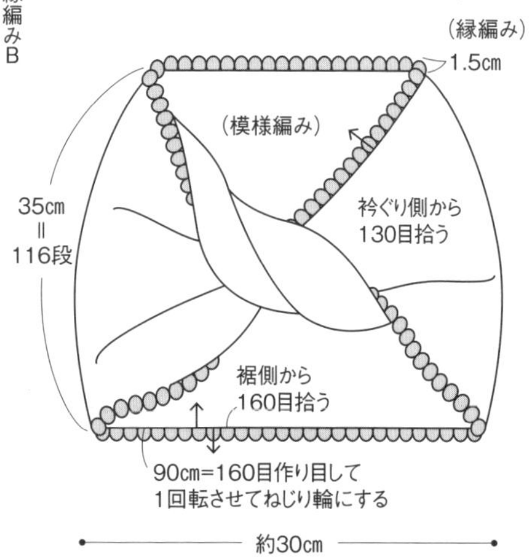

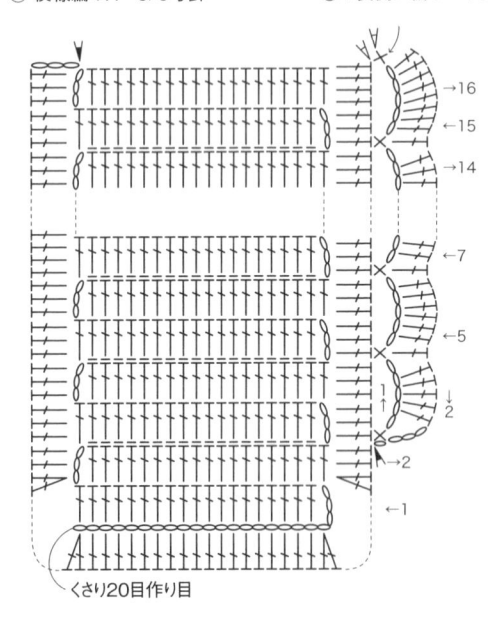

16 木の実つきえりまき p.26

[材料と用具]
糸 ……… 原毛に近いメリノウール
　　　　ライトグレー(8)…110g、
　　　　きなり(1)・ブルーグリーン(5)・あい色(7)
　　　　グレー(9)・紺(14)…各5g
　　　　(試し編みや始末される糸端の分量は入っていません。
　　　　5〜10g程度多めに用意しましょう)
針 ……… 6号棒針、6/0号かぎ針、とじ針
ゲージ … 模様編みA　22目、10段
　　　　こま編み　20目、25段
　　　　メリヤス編み　22目、30段
　　　　模様編みB　25目、41段
　　　　模様編みC　22目、16段
　　　　ガーター編み　23目、32.5段がそれぞれ10cm四方
サイズ … 幅22cm、長さ114cm

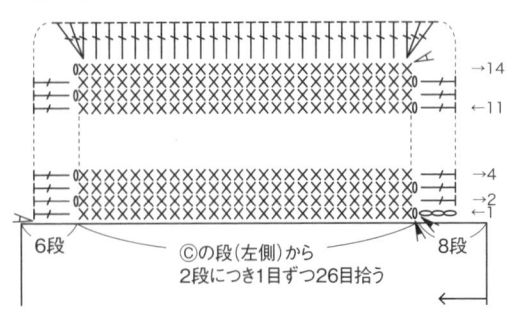

[編み方]　糸は1本どりで編みます。
①本体はⒶ・Ⓒ・Ⓕをそれぞれ編みます。ⒷとⒹはⒸから拾い目をして、ⒺはⒻから拾い目をして編みます。ⒶとⒷ、ⒹとⒺを巻きかがりはぎでとじます。
②実a・bと葉a・bを編み、実は余り糸を詰めて最終段を縫い絞ります。
③つるを編み、編み始めと編み終わりを本体に縫いとめます。
④実と葉を1つにまとめて縫い合わせ、本体に縫いつけます。

Ⓒ メリヤス編み、Ⓓ 模様編みBの編み方はp.69の図を参照

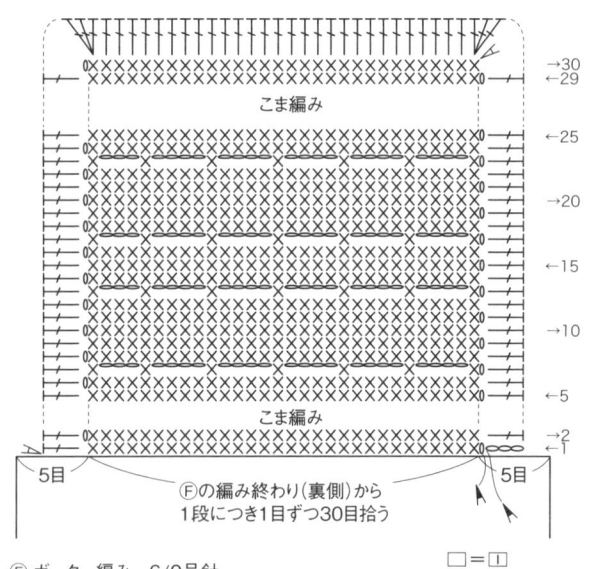

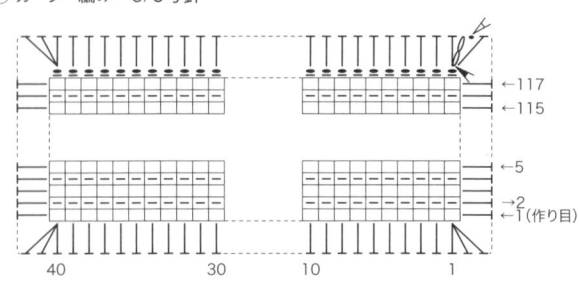

※中長編み(┬)の編み方はp.58参照。

つるのつけ方

つるの編み終わりを
とじつける

Ⓕ

Ⓔ

つるの編み始めを
とじつける

木の実のつけ方

Ⓐ
11cm
実a（きなり）
葉b
実a（ブルーグリーン）
実a（あい色）
実b（きなり）
葉a
実b（紺）

実a・b、葉a・bを
図のように縫い合わせ、
本体に縫いつける

編み終わりの
糸端15cmを残す

←9cm→

実a・bの編み図

※（ ）内はaの段数。

11(9)
10(8)
9
(7)
3
わ 1

5〜8(6)段めは
増減なくこま編みを編む

余り糸を詰めて
縫い絞る

a=3.2cm
b=4cm

実の配色と個数

a	きなり・ブルーグリーン・あい色 各1個
b	きなり・紺 各1個

本体
ライトグレー

44目拾う
17.5cm=40目 作り目
0.8cm=1段
（中長編み）

Ⓕ
（ガーター編み）
36cm=17段
117目拾う

18.5cm=30段
29目拾う
13.5cm=30目拾う

Ⓔ
（模様編みC）
34目拾う

Ⓔの30段とⒹの
編み終わりを合わせて
巻きかがりはぎ

Ⓓ
（模様編みB）
6号針

メリヤス編み10段=♥
メリヤス編み4段=○
メリヤス編み14段
裏メリヤス編み6段=◎
メリヤス編み2段

18cm=74段

16cm=40目拾う

10段 48段 ☆ 8段

Ⓒ（メリヤス編み）
6号針

22cm=66段

18cm=40目作り目

☆=すくいとじ

8段 52段 6段

Ⓑ（こま編み）
3目

55cm=14段
▲

12目拾う
▲=30目拾う
☆=13cm
2段から1目ずつ
26目拾う

Ⓐ
（模様編みA）

ⒶとⒷの14段めと
編み終わりを合わせて
巻きかがりはぎ

9cm=くさり20目作り目

47目拾う

22目拾う

←9cm→ ←2cm=2段→
1cm=1段
（長編み）=●

16cm=16段

葉aの編み図 6/0号針
グレー2枚

3.2cm
←5
←3
←1
←2
←4

くさり10目作り目
←6cm→

葉bの編み図 6/0号針
グレー

2.5cm
←1

くさり10目作り目
←4cm→

つるの編み図 6/0号針 グレー

編み終わり
玉飾り
編み始め

10 10

編み始めからくさり10目・10目・20目・20目・20目・
20目・10目・20目・20目ごとに玉飾りを1回編み、
最後にくさり10目を編む。

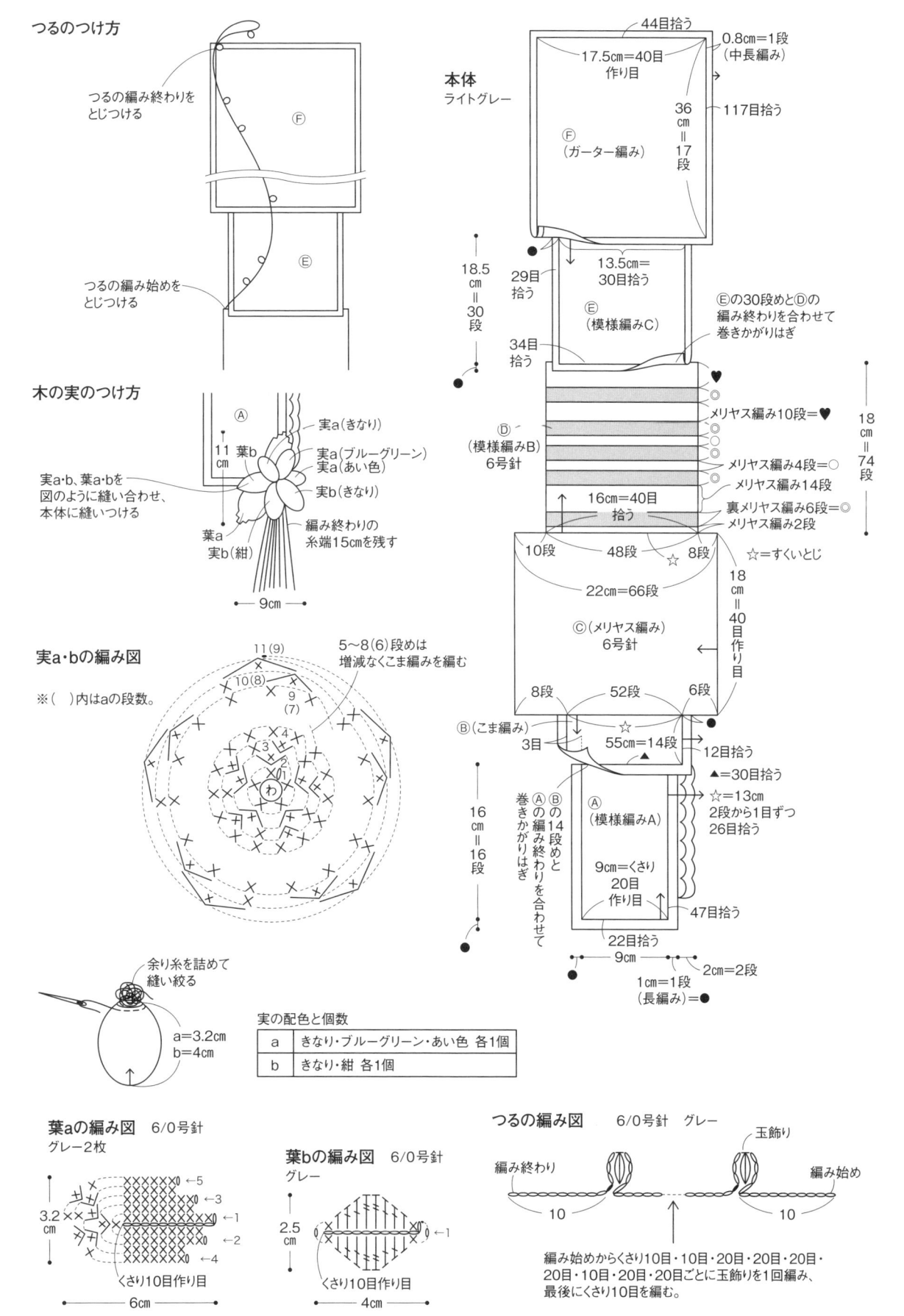

69

17 七分そでセーター p.28

[材料と用具]
糸 ……… 手つむぎ風タム糸
　　　　　イエロー（15）…320g、ライトグレー（10）…25g
　　　　　（試し編みや始末される糸端の分量は入っていません。
　　　　　5～10g程度多めに用意しましょう）
針 ……… 8号60cm輪針、8号棒針、4/0号かぎ針、とじ針
ゲージ … メリヤス編み　17目、24段が10cm四方
　　　　　2目ゴム編み　18.5目、21.5段が10cm四方
サイズ … 胸回り94cm、ゆき丈61cm、着丈後ろ身頃58.5cm、
　　　　　前身頃55cm

[編み方]　糸は1本どりで編みます。
①前後身頃は指に糸をかけて作る一般的な方法で160目作り目して輪にし、メリヤス編みで94段編み、編み終わりを伏せ目にする。前後ヨークと袖は指に糸をかけて作る一般的な方法で52目作り目し、2目ゴム編みで106段編み、107段めからは前後ヨークをそれぞれ26目ずつ50段編み、157段めからは52目に戻して106段編みます。
②裾a・bは指に糸をかけて作る一般的な方法でそれぞれ作り目し、2目ゴム編みで100段編み、編み終わりは伏せ目にします。
③モチーフを2枚編みます。
④袖と前後ヨーク、モチーフ、前後身頃、裾a、bをすくいとじでとじます。

まとめ方

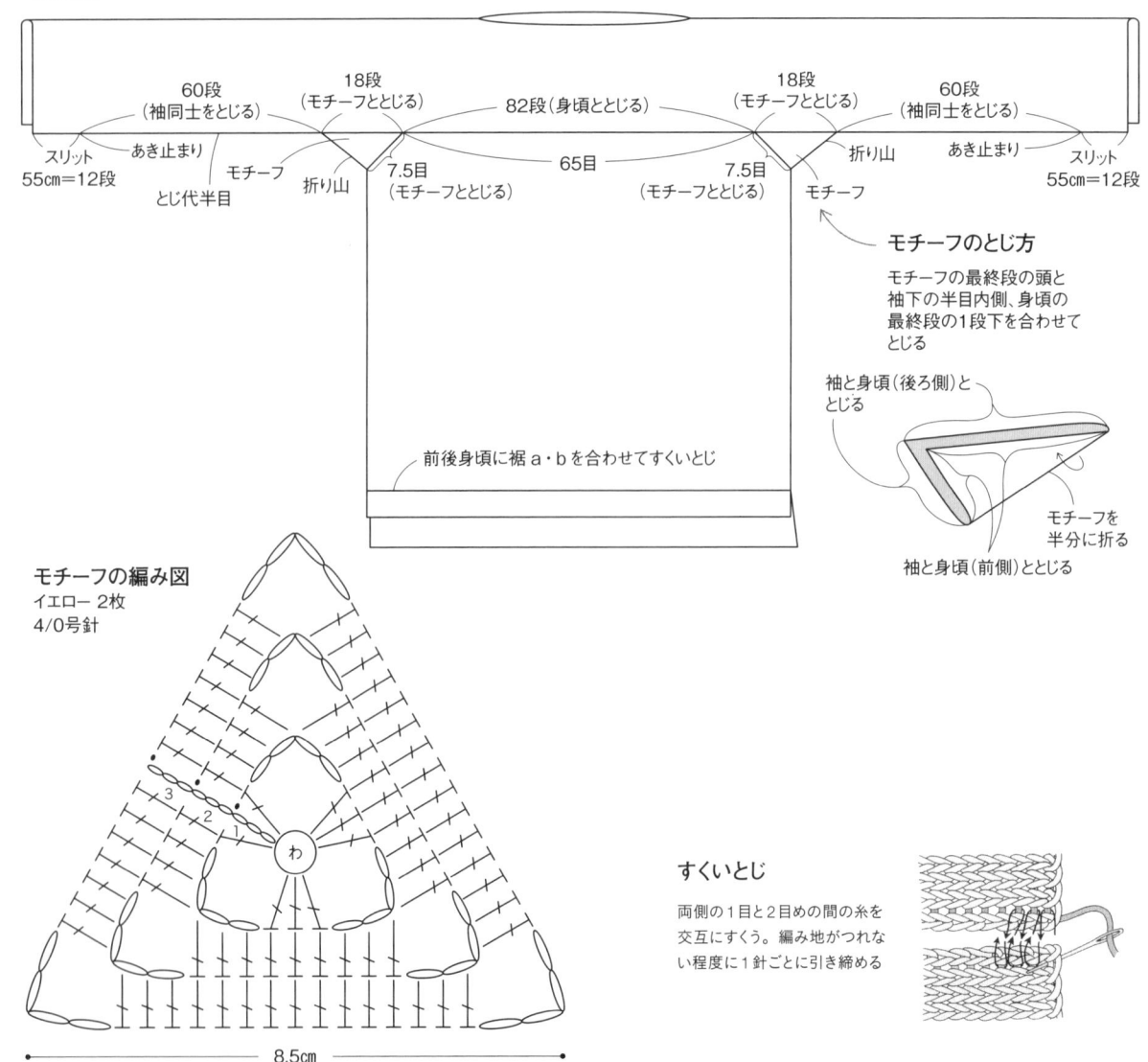

60段（袖同士をとじる）　18段（モチーフととじる）　82段（身頃ととじる）　18段（モチーフととじる）　60段（袖同士をとじる）
スリット55cm＝12段　あき止まり　モチーフ　とじ代半目　折り山　7.5目（モチーフととじる）　65目　7.5目（モチーフととじる）　折り山　モチーフ　あき止まり　スリット55cm＝12段

前後身頃に裾a・bを合わせてすくいとじ

モチーフのとじ方
モチーフの最終段の頭と袖下の半目内側、身頃の最終段の1段下を合わせてとじる

袖と身頃（後ろ側）ととじる
モチーフを半分に折る
袖と身頃（前側）ととじる

モチーフの編み図
イエロー 2枚
4/0号針
8.5cm

すくいとじ
両側の1目と2目めの間の糸を交互にすくう。編み地がつれない程度に1針ごとに引き締める

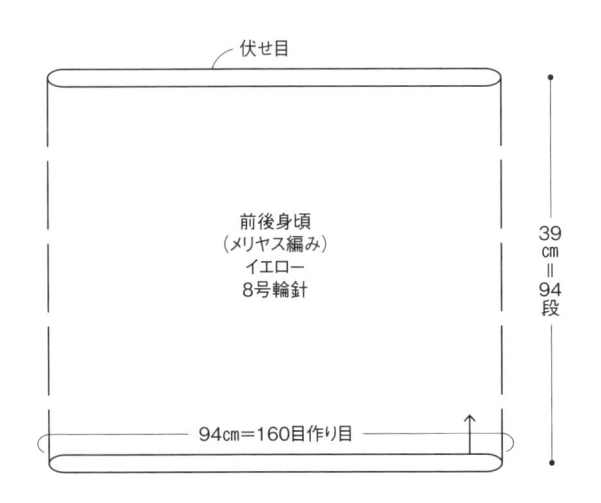

前後身頃（メリヤス編み）イエロー　8号輪針

- 伏せ目
- 39cm = 94段
- 94cm = 160目作り目

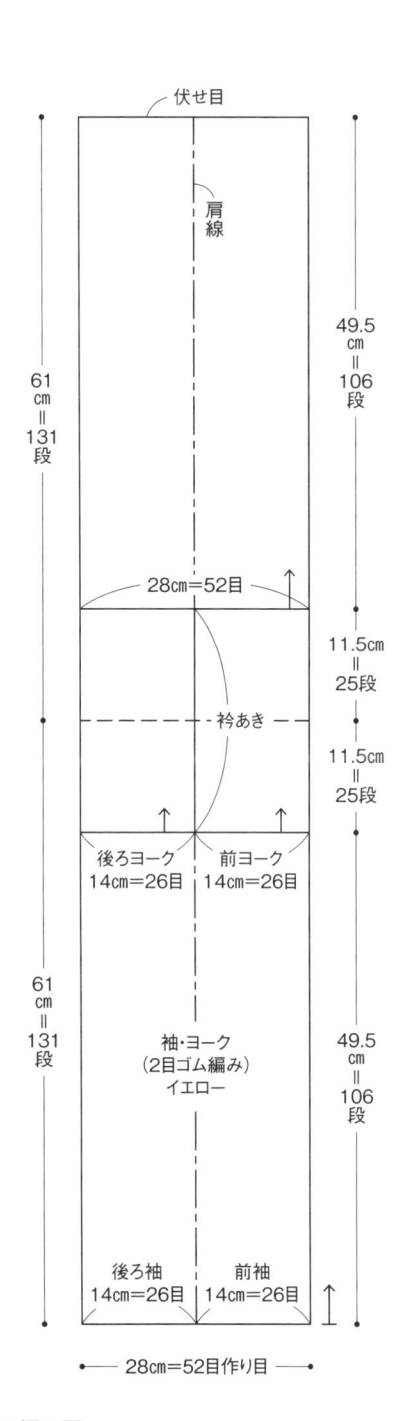

前後身頃の編み図　8号針
□ = ｜

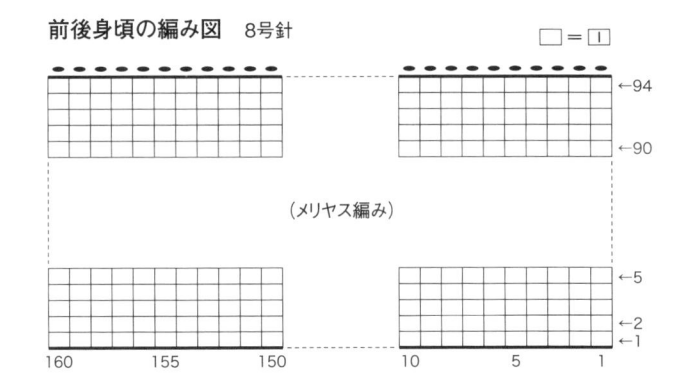

←94
←90
←5
←2
←1

（メリヤス編み）

160　155　150　　10　5　1

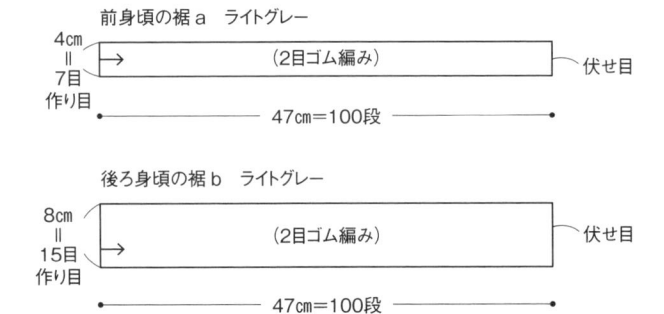

前身頃の裾a　ライトグレー
- 4cm = 7目作り目
- （2目ゴム編み）
- 伏せ目
- 47cm = 100段

後ろ身頃の裾b　ライトグレー
- 8cm = 15目作り目
- （2目ゴム編み）
- 伏せ目
- 47cm = 100段

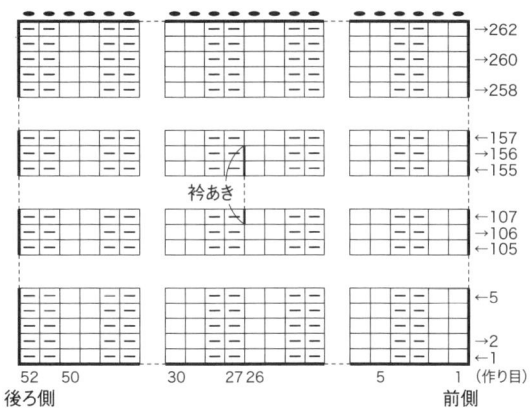

前身頃の裾aの編み図
→100
←97
8号針
←5
→2
←1
7　5　1　（作り目）

後ろ身頃の裾bの編み図
→100
←97
8号針
←5
→2
←1
15　10　5　1　（作り目）

袖・ヨーク（2目ゴム編み）イエロー

- 伏せ目
- 肩線
- 49.5cm = 106段
- 61cm = 131段
- 28cm = 52目
- 11.5cm = 25段
- 衿あき
- 11.5cm = 25段
- 後ろヨーク 14cm = 26目
- 前ヨーク 14cm = 26目
- 61cm = 131段
- 49.5cm = 106段
- 後ろ袖 14cm = 26目
- 前袖 14cm = 26目
- 28cm = 52目作り目

袖・ヨークの編み図　8号針

→262
→260
→258

←157
←156
←155

衿あき

←107
→106
←105

←5
→2
←1

52　50　　30　27 26　　5　1　（作り目）
後ろ側　　　　　　　　　　　　　前側

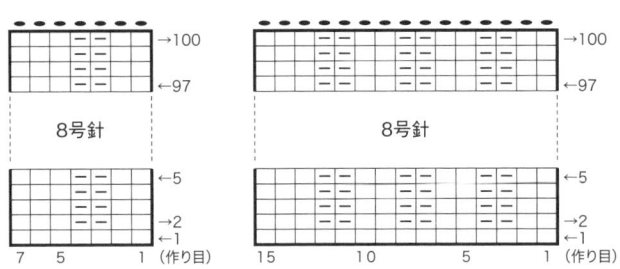

18 スワッチ編みバッグ p.29

[材料と用具]
糸 ……… コンビネーションウール
　　　　マスタード（9）…135g、
　　　　グレー・きなりミックス（2）・グレー（3）…各75g
　　　　（試し編みや始末される糸端の分量は入っていません。
　　　　5〜10g程度多めに用意しましょう）
その他 … 黒無地の木綿地60×20cm
針 ……… 7号棒針、6/0号かぎ針、とじ針
サイズ … 幅30cm、深さ22.5cm

[編み方]　糸は1本どりで編みます。
① 本体は底、入れ口、持ち手をこま編みで編みます。
② スワッチaは18目、スワッチbは17目作り目してそれぞれの模様編みと配色で2枚ずつ編み、編み終わりは伏せ目にします。
③ 中袋布の脇を縫って上下の縫い代を折り、入れ口と底の編み地にそれぞれまつりつけます。
④ 持ち手をしっかり入れ口の編み地に縫いつけます。
⑤ スワッチa・bを中表に合わせてこま編み40目を編んでとじます。前後1枚ずつ作ります。
⑥ バッグに⑤を合わせ、入れ口と脇を縫って仕上げます。

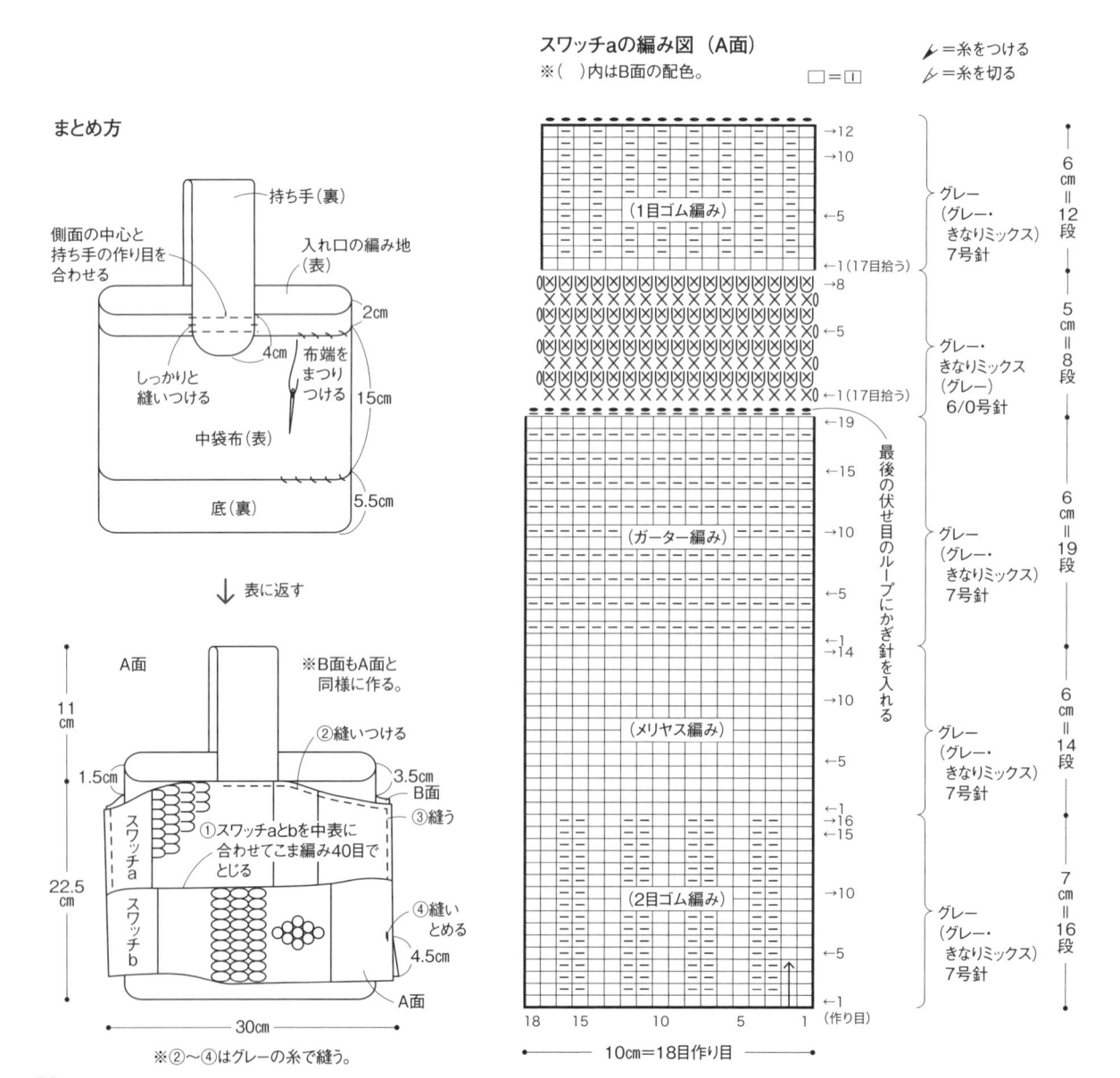

スワッチbの編み図（A面）

※（ ）内はB面の配色。　□ = ⊡

● = 🌰　✎ = 糸をつける　✂ = 糸を切る

（模様編みC）　グレー・きなりミックス（グレー）7号針

（メリヤス編み）　グレー・きなりミックス（グレー）7号針

※1段めはこま編みの向こう側半目を拾って編む。

（模様編みB）　グレー・きなりミックス（グレー）6/0号針

←1（17目拾う）

（模様編みA）　グレー・きなりミックス（グレー）7号針　玉編みはグレー6/0号針

※模様編みAのボッブル編みはp.40参照。

最後の伏せ目のループにかぎ針を入れる

（かのこ編み）　グレー・きなりミックス（グレー）7号針

10cm＝17目作り目

中袋の縫い方

25cm × 15cm　中袋布（裏）　縫う　(1)　(1.3)

（ ）は縫い代と折り代

入れ口の編み方　マスタード

4cm＝7段　（こま編み）

54cm＝くさり98目で作り目して輪にする

底の編み図　マスタード

54cm＝98目

7.5cm＝12段　（こま編み）

24cm＝40目作り目

持ち手の編み図　マスタード

3cm＝5段 / 3cm＝5段

くさり40目作り目　30cm

5〜12段は増減なくこま編みを編む

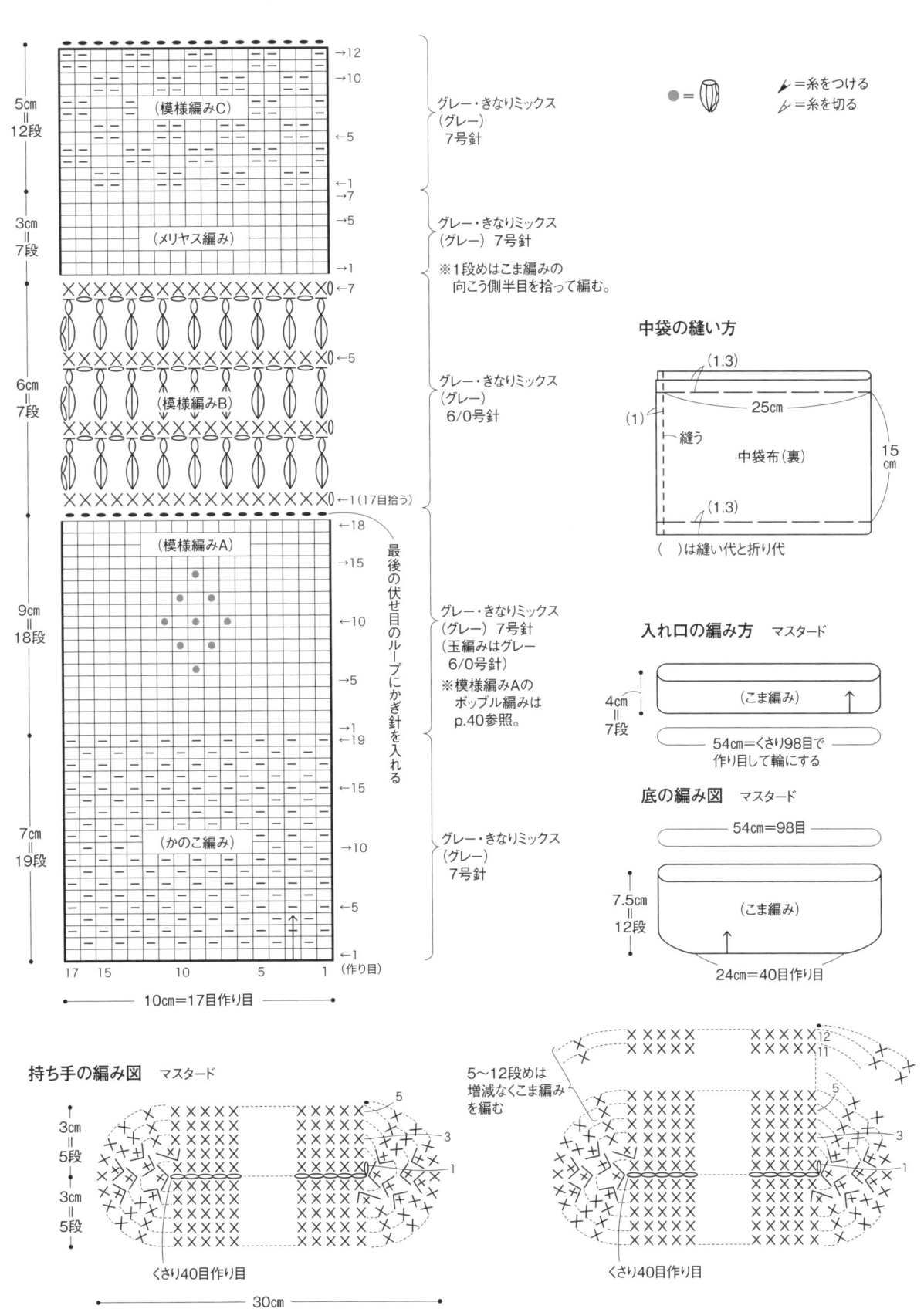

くさり40目作り目

20 きのこ帽子 p.31

[材料と用具]

糸 ……… コンビネーションウール
　　　　 グレー・きなりミックス（2）… 145g、
　　　　 グレー（3）… 10g
　　　　 （試し編みや始末される糸端の分量は
　　　　 入っていません。5〜10g程度多めに
　　　　 用意しましょう）

針 ……… 7/0号かぎ針、とじ針

ゲージ … 模様編み　7模様、8段が10cm四方

サイズ … 深さ約21cm、頭回り55cm

[編み方]　糸は1本どりで、指定の配色で編みます。

①クラウンは糸端を輪にしてくさり1目で立ち上がり、こま編みを14編み入れ、2段めから16段まで模様編みで編みます。

②縁編みはこま編みで2段編みます。1段めは模様編み16段めのくさり2目をそっくり拾って2目ずつ、全体で84目拾い目します。

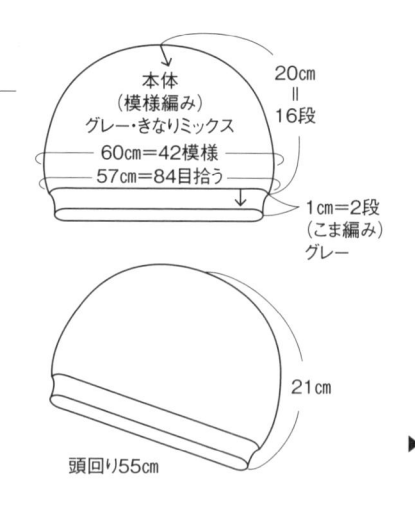

本体（模様編み）グレー・きなりミックス
20cm = 16段
60cm = 42模様
57cm = 84目拾う
1cm = 2段（こま編み）グレー
頭回り55cm
21cm

目数表

	段数	全体の目数	増し方
縁編み	2	84目	増し目なし
	1	こま編み84目拾う	
本体	8〜16	模様編み42模様	増し目なし
	7	〃 42 〃	毎段7模様ずつ増す
	6	〃 35 〃	
	5	〃 28 〃	
	4	〃 21 〃	
	3	〃 14 〃	
	2	〃 7 〃	
	1	こま編み14目	

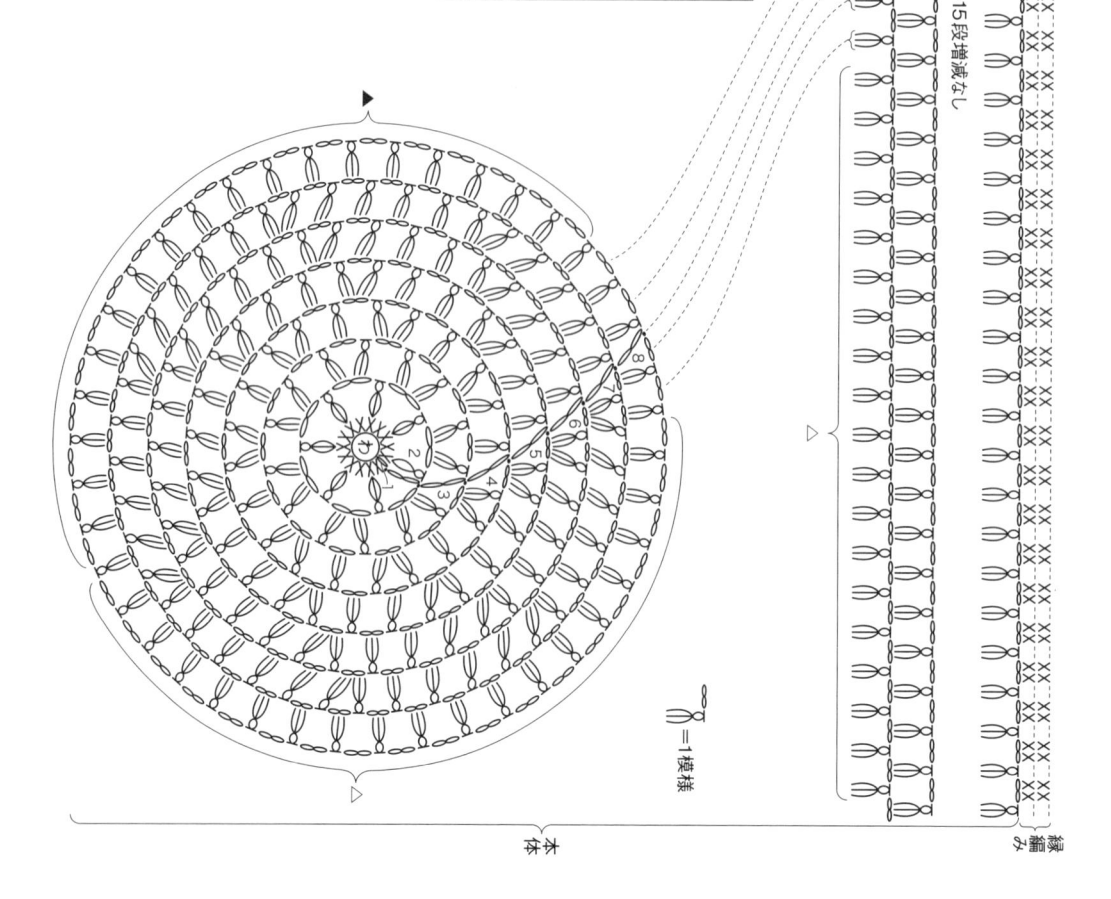

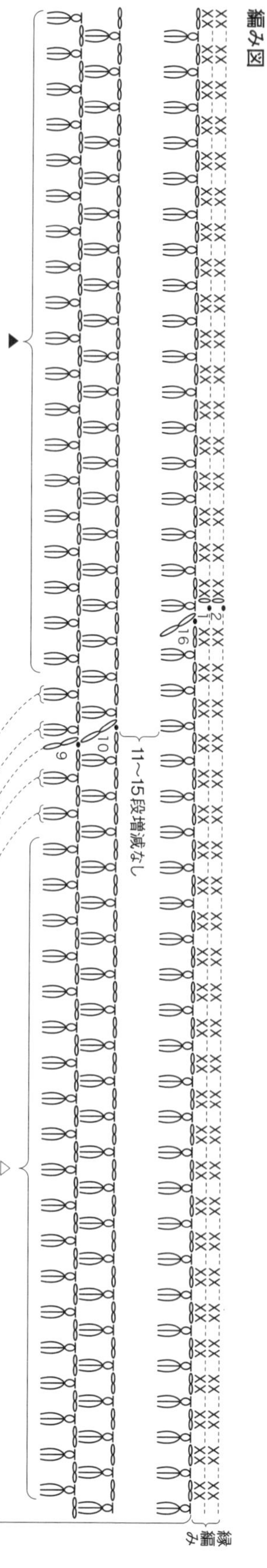

21 タートルネック de えりまき p.32

[材料と用具]
糸 ……… コンビネーションウール
　　　　マスタード・きなりミックス（8）… 105g、
　　　　マスタード（9）… 95g
　　　　（試し編みや始末される糸端の分量は入っていません。
　　　　5～10g程度多めに用意しましょう）
その他 … 直径1.8cmのボタンを3個
針 ……… 9号棒針、とじ針
ゲージ… 2目ゴム編み　26.5目、21段が10cm四方
　　　　1目ゴム編み　20目、19.5段が10cm四方
　　　　メリヤス編み　16目、20段が10cm四方
サイズ … 総丈37cm、襟首回り37cm、裾回り63cm

[編み方] 糸は1本どりで、指定の配色で編みます。
①本体は指に糸をかけて作る一般的な方法で90目作り目し、2目ゴム編みで50段編み、メリヤス編みで26段（増し目は図参照）編みます。編み終わりは伏せ目にします。
②前立ては指に糸をかけて作る一般的な方法で6目作り目し、図を参照して1目ゴム編みで編み、編み終わりは伏せ目にします。右前立てと左前立ては表目と裏目の配置が違うので注意します（p.40ボタンホールの編み方参照）。
③前立てと本体をすくいとじ（半目内側）でとじ、ボタンを縫いつけます。

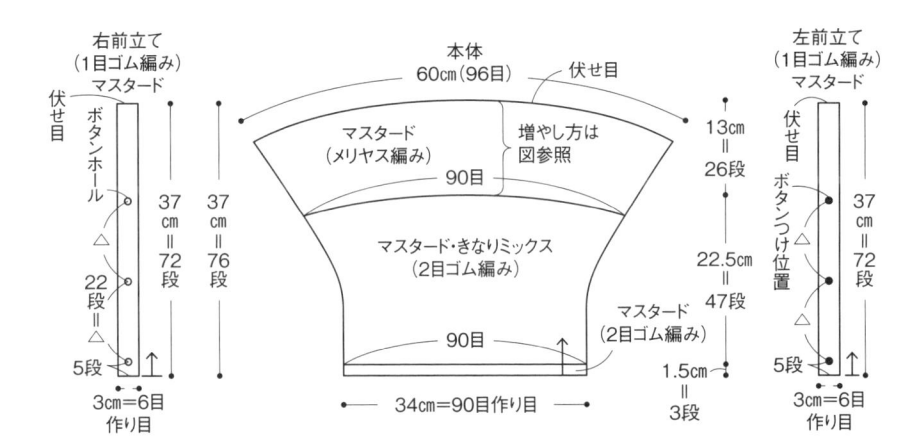

編み図

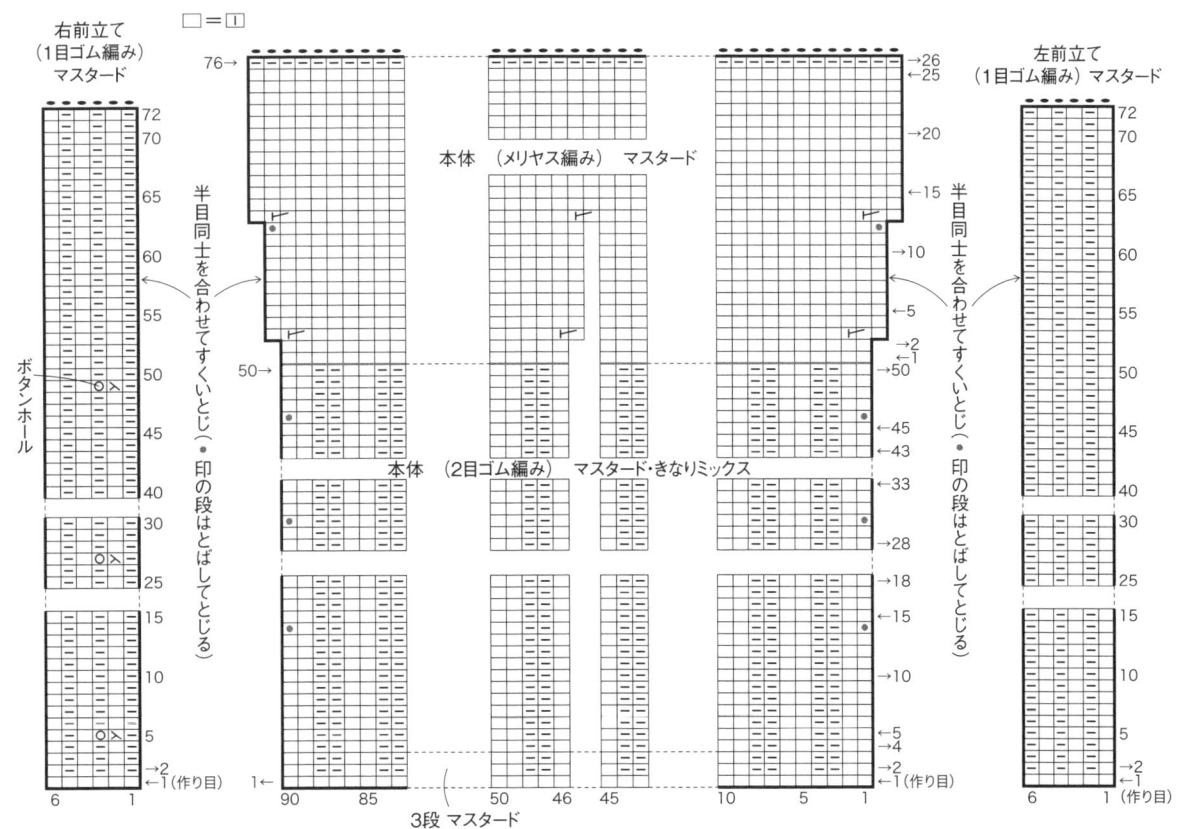

22 ヘアバンド p.34

[材料と用具]
糸 ……… 手つむぎ風タム糸
　　　　　ライトグレー（10）… 30g、
　　　　　紺（14）… 30g
　　　　　（試し編みや始末される糸端の分量は入っていません。5～10g程度多めに用意しましょう）
針 ……… 7/0号かぎ針、とじ針
ゲージ … 模様編み　17.5目、19段が10cm四方
サイズ … 幅約27cm

[編み方]　糸は1本どりで、指定の配色で編みます。
①本体aは90目、本体bは100目をくさり編みで作り目し、模様編みで本体aは16段、本体bは12段編みます。
②本体aと本体bを交差させてから、それぞれ両端を重ねて2枚一緒に拾い目してこま編みを2段編みます。
③本体aとbのこま編み2段（△）を重ねて縫います。

本体a・bの編み図　a ライトグレー、b 紺

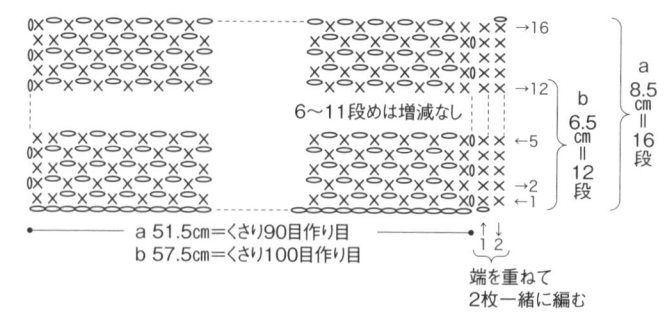

6～11段めは増減なし

a 8.5cm＝16段
b 6.5cm＝12段

a 51.5cm＝くさり90目作り目
b 57.5cm＝くさり100目作り目

端を重ねて2枚一緒に編む

aとbのまとめ方

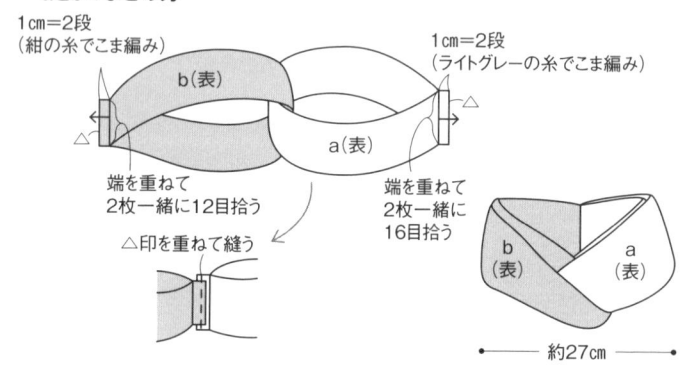

1cm＝2段
（紺の糸でこま編み）

1cm＝2段
（ライトグレーの糸でこま編み）

b（表）
a（表）

端を重ねて2枚一緒に12目拾う
端を重ねて2枚一緒に16目拾う

△印を重ねて縫う

約27cm

24 玉かざりバッグ p.35

[材料と用具]
糸 ……… 原毛に近いメリノウール
　　　　　ベージュ（2）… 10g、ピンク（12）… 30g、
　　　　　ライトグレー（8）… 30g
　　　　　（試し編みや始末される糸端の分量は入っていません。5～10g程度多めに用意しましょう）
その他 … きなりの布製トートバッグ（袋部分26cm×30cm）を1枚、手縫い糸、縫い針
　　　　　※作品では布製マイバッグA4生成（無印良品）を使用。
針 ……… 4/0号かぎ針、とじ針
サイズ … 図参照

[編み方]　糸は1本どりで編みます。
①土台はピンク（またはライトグレー）の糸を両手を広げたくらいの長さで5～6重の輪にしてまとめ、それを二つ折りの束にします。
②ベージュの糸で、①の束をくるむようにこま編み1目、くさり8目を最後まで編みます（p.41玉かざりの作り方参照）。土台を継ぎ足しながら、必要な長さまで作ります。
③土台を各1本ずつ作ったら、トートバッグの入れ口に折り返しながら縫いつけます。

土台の作り方
5～6重の輪にする
※作品はピンク、ライトグレーの糸ともに340cmまで作る
両手を広げたぐらいの長さ

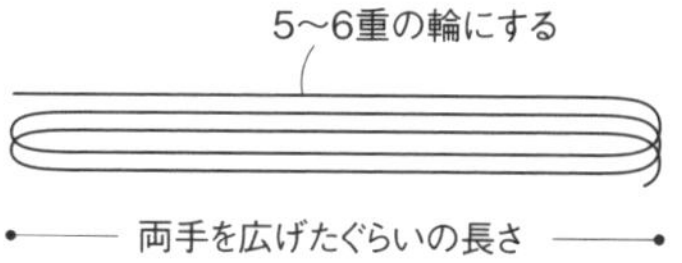

玉かざりの作り方
ライトグレー＝くさり10目
ピンク＝くさり30目
くさり8目
ライトグレー編み始めくさり15目
ピンク編み始め
編み終わり
土台を2～3cm残す
1.5～2cm
2～3cm

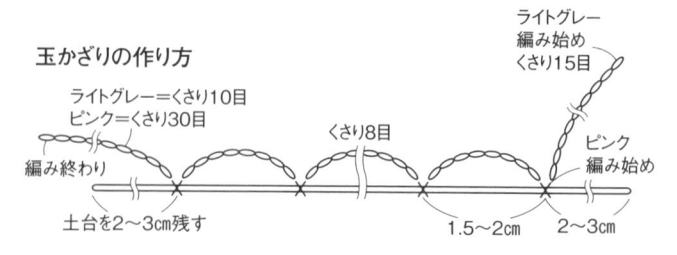

仕上げ方
ピンクとライトグレーの玉かざりを好みの長さに折って、トートバッグ前後面の袋口に縫いつける
縫いつける
22cm
30cm

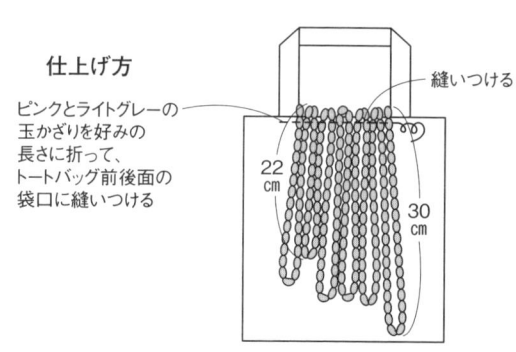

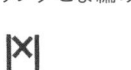

かぎ針編みの基礎
作り目
糸端を輪にする方法（2回巻き）

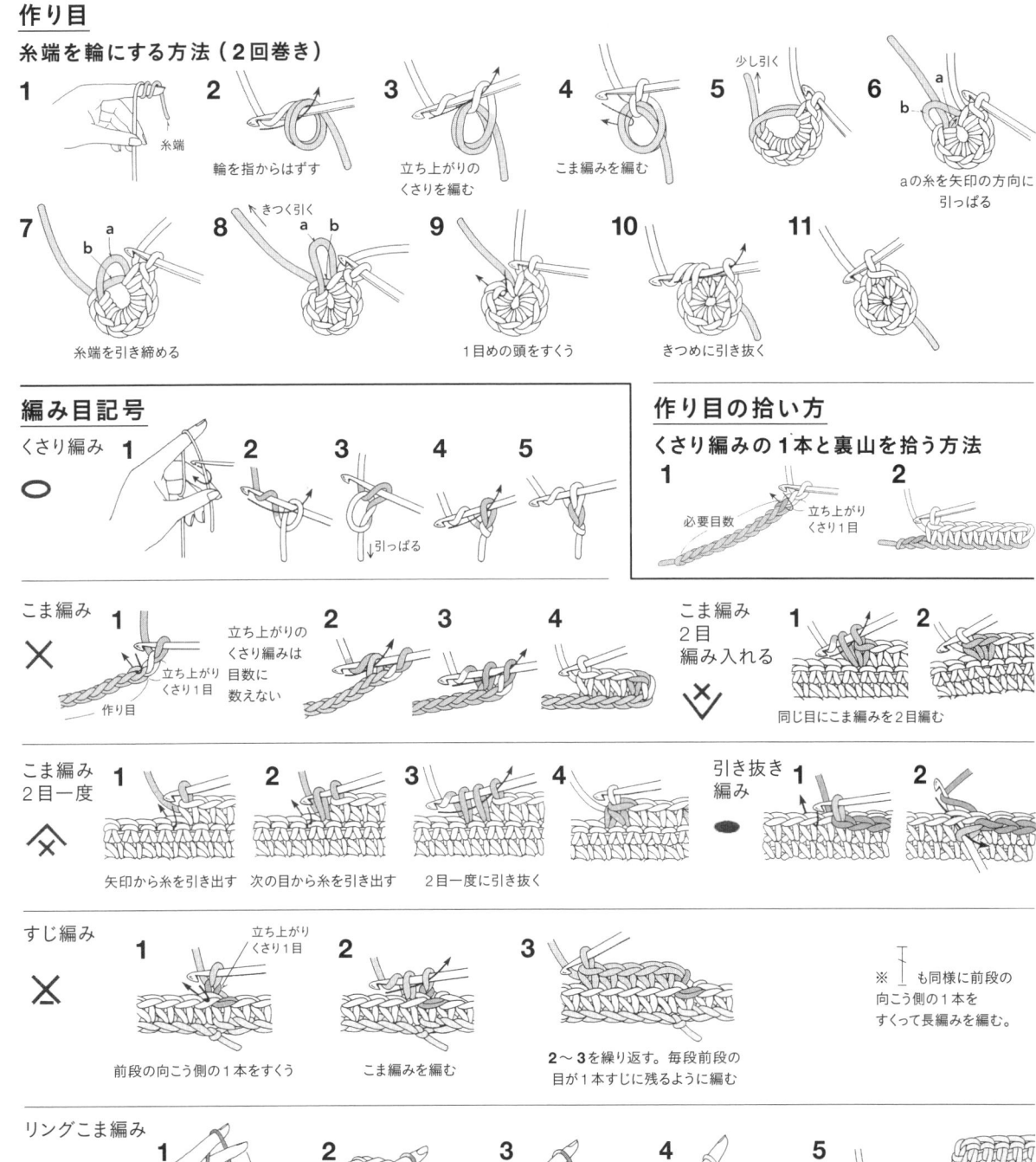

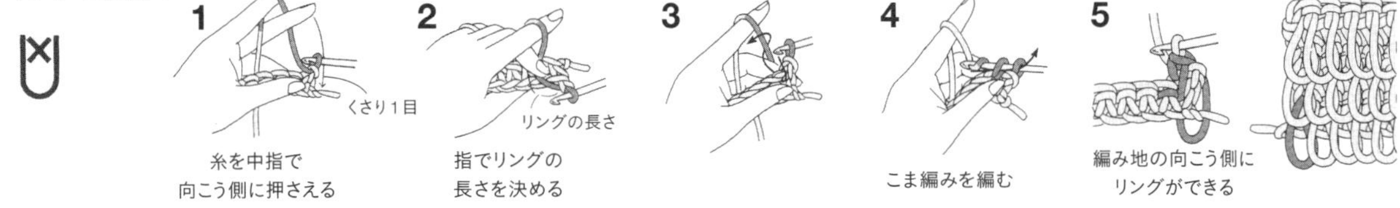

1 糸端
2 輪を指からはずす
3 立ち上がりのくさりを編む
4 こま編みを編む
5 少し引く
6 aの糸を矢印の方向に引っぱる
7 糸端を引き締める
8 きつく引く
9 1目めの頭をすくう
10 きつめに引き抜く
11

編み目記号

くさり編み ◯
1　2　3　4　5

作り目の拾い方
くさり編みの1本と裏山を拾う方法
1 必要目数　立ち上がりくさり1目
2

こま編み ✕
1 立ち上がりくさり1目／作り目／立ち上がりのくさり編みは目数に数えない
2　3　4

こま編み2目編み入れる
1　2 同じ目にこま編みを2目編む

こま編み2目一度
1 矢印から糸を引き出す
2 次の目から糸を引き出す
3 2目一度に引き抜く
4

引き抜き編み ●
1　2

すじ編み ✕
1 前段の向こう側の1本をすくう
2 こま編みを編む
3 2〜3を繰り返す。毎段前段の目が1本すじに残るように編む

※ も同様に前段の向こう側の1本をすくって長編みを編む。

リングこま編み
1 くさり1目／糸を中指で向こう側に押さえる
2 リングの長さ／指でリングの長さを決める
3
4 こま編みを編む
5 編み地の向こう側にリングができる

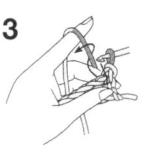

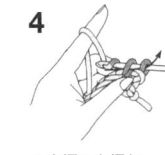

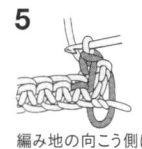

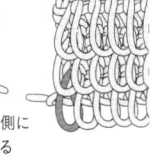

中長編み3目の玉編み目
1 針に糸を1回かけ、糸を引き出す
2 同じ目から同様に糸を引き出す
3 同様にもう1回糸を引き出す
4
5

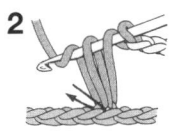

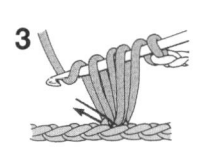

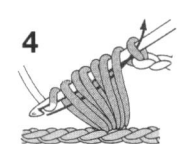

77

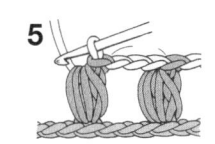

中長編み3目の変わり玉編み目

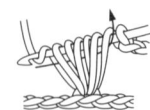

中長編み3目の玉編みの工程3（p.77参照）まで編んだら、針に糸をかけて矢印のように引き抜く。

長編み3目編み入れる

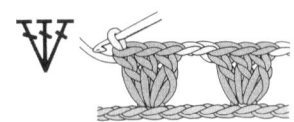

同じ目に長編みを3目編む

長編み

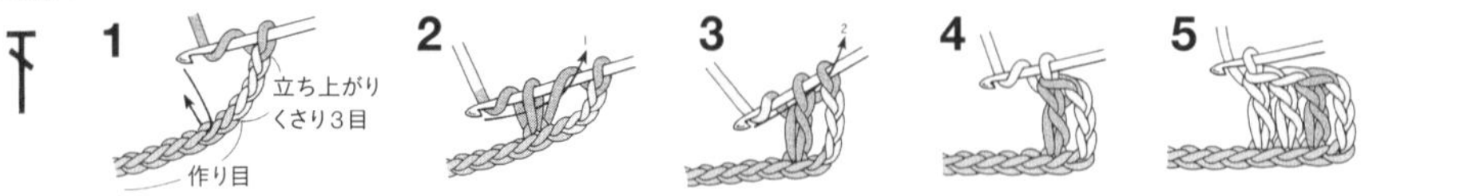

1. 立ち上がりくさり3目／作り目
2. くさり編み2目分まで糸を引き出す
3. 1〜3を繰り返す
4.
5.

※ は針に2回糸をかけてから、長編みと同様に針にかかった糸をそれぞれ引き抜いて編む。

長編み5目のパプコーン編み目

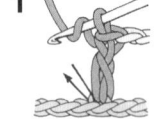

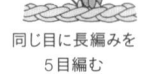

1. 同じ目に長編みを5目編む
2. 針を抜き1目から入れ直す
3. 5目めの目を引き出す
4. くさり編みを編み、糸を引き締める
5. くさり編みの目が頭になる

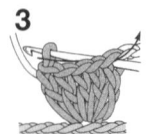

※ は同じ目に長編みを4目編んで同様に編む。

棒針編みの基礎

作り目　一般的な作り目
糸端側から必要寸法の3倍程度のところに左手の指をかけ、作り目をします

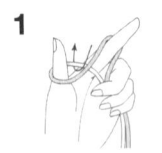

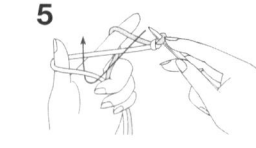

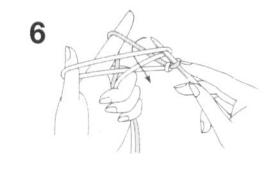

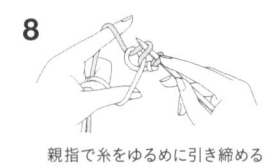

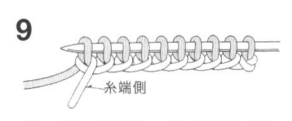

1.
2. 1〜2号太い針
3. 左手の親指をはずす
4. 親指と人差し指で糸を引き締める
5.
6.
7. 親指をはずす
8. 親指で糸をゆるめに引き締める
9. 糸端側／5〜8を繰り返し、必要目数を作る。表編み1段と数える

編み目記号

表目
1.
2.
3.

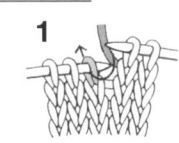

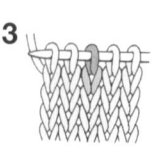

裏目
1.
2.
3.

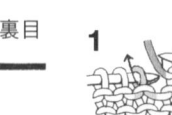

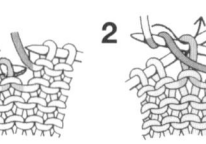

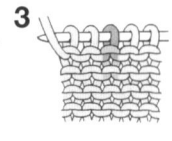

右上2目一度
1. 編まずに右の針に移す
2. かぶせる
3.

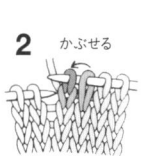

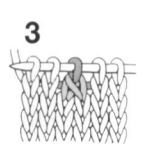

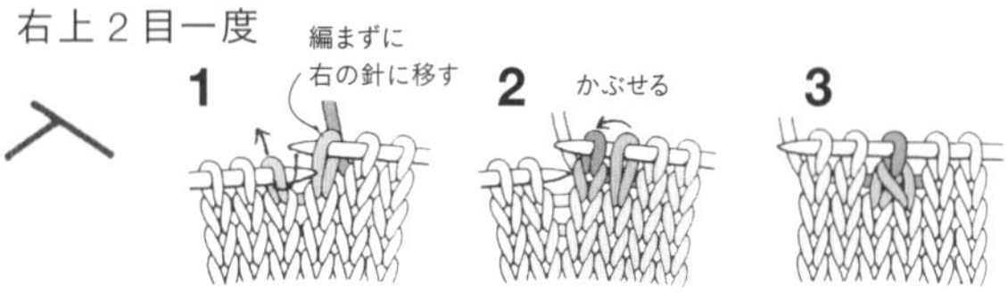

左増し目
1. 2段下の目をすくう
2.
3.

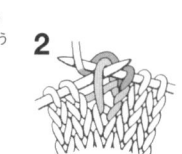

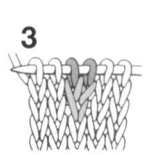

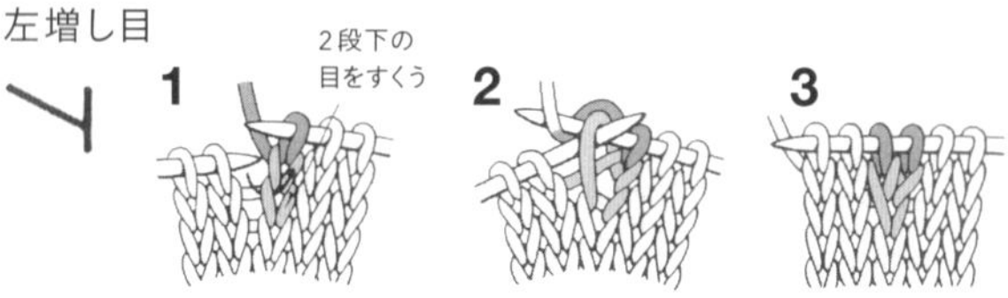

左上2目一度
1.
2.

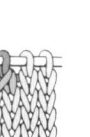

かけ目
1.
2.

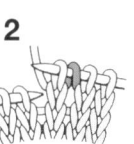

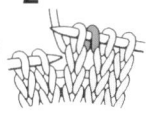

伏せ目
1. 2目編んで右の目をかぶせる
2. 次の目を編んで右側の目をかぶせる

78

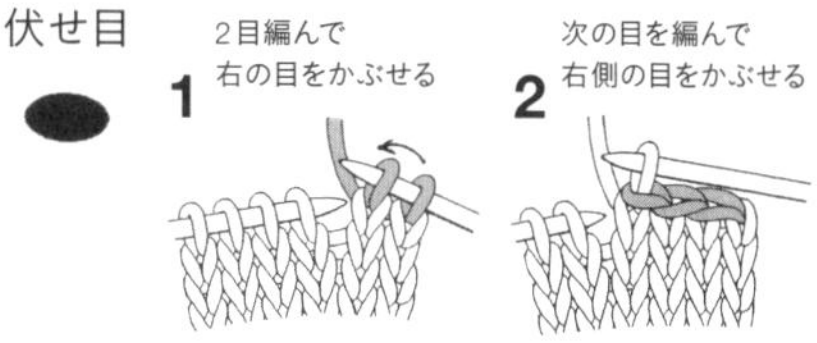

《撮影協力》

GASA*
☎03-3443-9895
p.6のパンツ、p.8のエプロンワンピース、p.34のタートルネックカットソー

ギャラリー・ド・ポップ
☎03-6452-5188
p.4のニット、p.6のブラウス、p.12、p.13のブラウス、p.15のニット、
表紙、p.16のコート、p.18、p.19のブラウス、p.18のベルト／pas de calais

コンジェ ペイエ アデュー トリステス
☎03-6861-7658
p.13のイヤークリップ、p.17のパンツ、p.19のコート、p.21のニット、
p.30のニット、p.32のブラウス、p.32のシューズ、p.37のパンツ

ネストローブ 表参道店
☎03-6438-0717
p.18のパンツ／ネストローブ

ハバダッシュリー 吉祥寺店
☎0422-27-6575
p.10のコート／アシードンクラウド

ビスク バイ ネストローブ 新宿店
☎03-5368-2331
p.8、p.15のシャツ、p.10のタートルネックニット、p.13のコート、
p.23のタートルネックニット／ビスク バイ ネストローブ

リゼッタ 二子玉川店
☎03-3707-9130
p.7のニット、スカート、p.21のコート、スカート、裏表紙、p.22のニット、
p.30のスカート、p.31のワンピース、p.32のベスト、p.32のパンツ／リゼッタ

UTUWA
☎03-6447-0070

※掲載のアイテムは時期によっては、完売もしくは売切れになる場合があります。
ご了承いただきますよう、お願いいたします。

staff

デザイン・制作
くげなつみ

ブックデザイン
渡部浩美

スタイリング
轟木節子

撮影
和田裕也

プロセス撮影
岡 利恵子（本社写真編集室）

ヘアメイク
草場妙子

モデル
kalina

製図
佐々木初枝

トレース
松尾容巳子

製作協力
鶴巻絵里香　安達真木

校閲
滄流社

編集
中田早苗　北川恵子

この本の作品は
横田株式会社のダルマ手編糸を使用しています。
糸についてのお問い合わせは下記へお願いします。

横田株式会社

本社
〒541-0058
大阪市中央区南久宝寺町2-5-14
☎06-6251-2183

東京支店
〒103-0001
東京都中央区日本橋小伝馬町6-1
日本橋243ビル3F
☎03-5623-2981

http://www.daruma-ito.co.jp/

撮影協力
クロバー株式会社

〒537-0025
大阪市東成区中道3-15-5
☎06-6978-2277（お客様係）

http://www.clover.co.jp/

くげなつみ

warm work createrとして、主に編み物を中心に活動中。女子美術大学オープンカレッジ、日本橋三越カルチャーサロンの講座など、シンプルな編み方でできるかわいい編み物の提案をしています。著書に『わたしのえりまき』（日東書院）。

あみもののススメ　着こなし自由自在！えりまき、スヌード、帽子など全25点

編集人　石田由美
発行人　永田智之
発行所　株式会社 主婦と生活社
　　　　〒104-8357　東京都中央区京橋3-5-7
　　　　http://www.shufu.co.jp/
　　　　編集代表　☎03-3563-5361　FAX 03-3563-0528
　　　　販売代表　☎03-3563-5121
　　　　生産代表　☎03-3563-5125
印刷所　大日本印刷株式会社
製版所　東京カラーフォト・プロセス株式会社
製本所　小泉製本株式会社

©くげなつみ　2015　Printed in Japan
ISBN978-4-391-14708-7

R本書を無断で複写複製（電子化を含む）することは、著作権法上の例外を除き、禁じられています。
本書をコピーされる場合は、事前に日本複製権センター（JRRC）の許諾を受けてください。
また、本書を代行業者等の第三者に依頼してスキャンやデジタル化をすることは、たとえ個人や家庭内の利用であっても一切認められておりません。
JRRC（http://www.jrrc.or.jp　eメール：jrrc_info@jrrc.or.jp　☎03-3401-2382）

十分に気をつけながら造本していますが、万一、乱丁、落丁の場合は、お買い求めになった書店か小社生産部へご連絡ください。お取り替えいたします。

※本誌掲載作品の複製頒布、および販売はご遠慮ください。